阅读柏拉图

刘小枫 主编

Κρίτων

克里同

[古希腊] 柏拉图 著
程志敏 译

华夏出版社
HUAXIA PUBLISHING HOUSE

"阅读柏拉图"出版说明

自有柏拉图书,借用我国古人的说法,可谓"天地已洩其秘,而浑穆醇庞之气,人日由其中而不知是道寄于人,而学寄于天"。直到今天,柏拉图书基本上仍囿于学院深宫,向学者不敢也难以问津。其实,前人幼入家塾即接触圣贤心脉,若今高中生也能读到柏拉图书,无论见浅见深、识小识大,也莫不有灵魂之辨行乎其间。

喜欢柏拉图作品的读者,心性多种多样,精神爱好也各有不同。即便在今天,一般读者仍然喜欢注释不多的柏拉图译本,否则会觉得有碍阅读时的畅快。少数读者喜欢带长篇笺注的译本,考订语词和辨析文句越琐细越觉得过瘾。柏拉图的《克莱托丰》原文不足万字,有位英国学者作笺注成书竟然有近500页。

"阅读柏拉图"系列以柏拉图中篇和短篇作品为主,长制作品(《王制》和《法义》)则选取其中相对独立的篇章,添加中等篇幅的注释,为天下读者提供便携便览的柏拉图读本。译者注释以疏通对话脉络为要,即便对人名、地名、典故及特别语词下注,也娓娓道来,力戒繁琐枯燥。译注尤其着力解析对话进程中的机关暗道,提示修辞上的弦外之音,与读者一同深入文本肌理,体味柏拉图笔法之精妙,而中所自得,识见之偏全,则不必强之使同。柏拉图作品的场景和内在情节至为重要,为有助读者深入理解,我们对作品划分章节,施加章节标题。每章之前,译者均给出简扼题解,以述场景或情节大要,必要时章末也衍生附释,以示情节突转或袅袅余音。凡此一律用仿宋体与正文区隔,以显经纬之别。

本系列中的译品均以伯内特(Burnet)校勘的希腊文柏拉图全集为底本,并参考现代西文译本移译。柏拉图作品虽无不是在讨论极为严肃的人世问题，言辞却贴近日常，翻译时棘手之处比比皆是。要为诸多省略句式和语气小品词找到恰切的中文表达固已困难，而遇到某个语词或说法（短语）有多种义项或一语双关时，要准确选择义项或保持一种译法更不容易。译文为补足语气或文意（针对口语中的省略）添加的语词，一律施加方括号［］；遇多义项语词或短语需要提示选择性译法时亦然。

柏拉图作品最为基本的教育作用是让我们的头脑变得明智清晰，对自己的灵魂样式多些了解，进而对人世政治亘古不变的复杂性也尽可能多些认识。至于是否像苏格拉底那样有向往高贵、追求纯然不杂的美的爱欲，则由各人的命相精灵掌管。以往的柏拉图研究以及教科书上的柏拉图介绍，往往把读者引向各种形而上学教条。若从对话情节入手，关注文学形式下的思想脉络，我们不难看到，柏拉图笔下的苏格拉底最看重教人如何分辨好与坏、对与错、高尚与卑劣、正义与不义、明智与偏执。面对纷乱的社会歧见,期盼柏拉图作品滋育我们,帮助我们养成慎思明辨的习性,不为众言淆惑,不受偏见拘滞,是为"阅读柏拉图"的设计初衷。

刘小枫

2019 年 12 月

目 录

编译说明 / 1

克里同

第一场　序幕 / 1

第二场　大众 / 17

　　名声与意见 / 18

　　大众与贤能 / 21

　　友谊与钱财 / 25

　　责任与救赎 / 30

第三场　**热爱智慧** / 38

　　原则与道理 / 39

专家与大众 / 45

高贵与正义 / 51

正义金规则 / 60

第四场　法律 / 69

恩典与驯服 / 70

契约与权利 / 84

越狱的危害 / 102

结论与诫命 / 114

第五场　尾声 / 119

编译说明

《克里同》短小,结构完善,层次丰富,与《苏格拉底的申辩》(下文略作《申辩》)一样,读来荡气回肠。《克里同》不仅首尾呼应,形成了一个完整的"环形结构"(ringcomposition),即开头的神秘白衣女子与最后神圣的雅典法律构成对称,而且苏格拉底与克里同的话语之间,甚至每个人各自的讲辞内部也有这种美妙的结构。

如果说《申辩》是苏格拉底在公开场合之下对所有雅典人作出的答辩,那么《克里同》则是在极为隐秘的场合对一个人的教导。仅仅从情节来看,苏格拉底在监狱里的这番话只有克里同一个人听到了,柏拉图的记载必定是克里同转述的,因而可以说这篇对话就是克里同对苏格拉底的隐秘"申辩"。

柏拉图的所有著作在某种意义上都是在为苏格拉底申辩，实际上也就是在为热爱智慧申辩。只不过每一篇"申辩"都有不同的对象和目的，比如说，《游叙弗伦》的教化对象是一个"新青年"，《申辩》是对几乎整个雅典城邦所上的一堂大课，《克里同》是在最私密的空间里教导一位热情勇敢却似乎不大懂热爱智慧为何物的老朋友，《斐多》则是与一帮"小朋友"回忆一生的行状，向他们发表告别演讲，他们看似"故旧"，实则"门生"。在第一部"四联剧"中，《游叙弗伦》是"热爱智慧的预备课"，《申辩》是"热爱智慧的公开课"，《克里同》是"热爱智慧的辅导课"，而《斐多》则是"热爱智慧的总结课"。

苏格拉底是哲人，克里同是常人。哲人如何与常人打交道，或者更准确地说，哲人该如何对常人讲热爱智慧的道理？《克里同》是一堂最生动的课，告诉我们哲人应该如何对待非哲人。民众需要教育（甚至启蒙），哲人更需要：教育者尤其需要得到正确的教育。谁来教育青年，谁来教育教育者，谁才有资格施行教育，哲人就不会败坏青年吗（参《高尔吉亚》484c5-e1）？

面对热心前来搭救自己的终生挚友，苏格拉底该说些什么呢？他们本可以抒发一下愤懑和冤屈，毕竟苏格拉底是被冤枉的（54c）。但实际情况却恰恰相反，苏格拉底谈的都是能够公之于众的大道理。为什么会这样？哲人尤其需要"慎独"，哪怕在封闭的环境里，哪怕死到临头。

苏格拉底经过长篇大论的劝说之后问克里同还有什么要说的（54d7），而在苏格拉底生命最后一刻刚好反过来了，克里同问苏格拉底还有什么别的要说（《斐多》118a9-10）。苏格拉底没有回答，他已经死了；克里同在《克里同》末尾也没有什么更多的要说，因为已经不用说了。就这样，两次关于"余言"的对称性问答使这对好友一生的友谊达到顶点，令人感慨、唏嘘和仰慕。

克里同最后的沉默并非因为迟钝，而更多的是由于他沉浸在感动中。克里同在苏格拉底的教导下，即便未臻极高境界，无疑也已有很大的变化。如果说苏格拉底是雅典法律或神明的传报人（angel，43d），那么克里同听到苏格拉底传达的这段神谕后，也将其传递给了自己的同胞，从某种程度上说，克里同就是苏格拉底的传报人。克里同至少把苏格拉底这段极为"私密"的话传给了柏拉图，因为苏格拉底谈这番话时只有克里同一个人在场。

如果以《红楼梦》的笔法来比拟，《克里同》是柏拉图从克里同那里听来的故事，柏拉图只是批阅和增删，而真正痴绝的作者可能是克里同。《克里同》虽非"满纸荒唐言，一把辛酸泪"，但要解得其中味，却也殊为不易。如果不考虑《克里同》这篇对话的文学性质，而视为柏拉图的忠实记录，那么克里同就是苏格拉底和柏拉图之间的桥梁，《克里同》就是克里同这位毕生挚友为苏格拉底所做的"申辩"！

本书依据牛津古典文本（第一版）的希腊语原文译出，个别地方参考了其他希腊文校勘本。本书的翻译参考了严群、水建馥、王太庆和溥林的中译文，以及盖洛普（D. Gallop）、格鲁伯（G. M. A. Grube）、艾伦（R. E. Allen）、福勒（H. N. Fowler）、魏斯特（Thomas G. West）、崔登尼克（H. Trednenick）等人的英译文，施莱尔马赫和阿佩尔特（Otto Apelt）德译本。本书的注释以西方多个注疏本为基础，间下己意，其中主要有施塔尔鲍姆（J. G. Stallbaum）、斯坦福（C. S. Stanford）、亚当（J. Adam）、伯内特（J. Burnet）、戴尔（L. Dyer）、泰勒（W. S. Tyler）、埃姆林-琼斯（C. Emlyn-Jones）的笺注本。

本书的翻译和注释也参考了以下重要文献：

施特劳斯，《柏拉图式政治哲学研究》，张缨等译，北京：华夏出版社，2012（本书简作"施疏"）。

施特劳斯，《自然权利与历史》，彭刚译，北京：生活·读书·新知三联书店，2016。

刘小枫，《王有所成》，上海：上海人民出版社，2015（简作"刘疏"）。

维斯，《不满的苏格拉底》，罗晓颖译，上

海：华东师范大学出版社，2011。

A. D. Woozley, *Law and Obedience: The Arguments of Plato's* Crito, ChapelHill, NC: University of North Carolina Press, 1979.

C. Bruell, *On Socratic Education: An Introduction to the Shorter Platonic Dialogues.* Lanham: Rowman & Little field Publishers, Inc., 2003.

M. Stokes, *Dialectic in Action: An Examination of Plato's* Crito, Swansea: The Classical Press of Wales, 2005.

G. Danzig, *Apologizing For Socrates: How Plato and Xenophon Created Our Socrates.* Lanham: Lexington Books, 2010.

克里同

——或论义务；伦理的

柏拉图著作的副标题为后人所加，却也颇为古雅，亦有出处，本书副标题即出自《克里同》46b3-4。原文 prakteou，意为"应当做"，转译为"义务"，即朱子《大学章句序》所谓"性分之所固有，职分之所当为"。英文的"义务"（duty）来自"应当"（due），而"职务"（office）则来自"义务"（officium）。在整篇对话中，动形词-eon（应当……的），以及 dei 和 xre（应当）出现了很多次，因而《克里同》本身不是一部关于热爱智慧的论战之作，而是一篇入世劝导之书。

第一场　序幕

[题解] 苏格拉底被控两条大罪,一是不信城邦所信的神,二是败坏青年。在正式的审判过程中,苏格拉底未能成功为自己辩护,反倒激怒了陪审团,使得原本并不复杂的案件最终以判处死刑收场。

苏格拉底虽被判处死刑,但是城邦派到德洛斯献祭的船尚未回来,在此期间,城邦必须保持洁净,不能处死任何人,于是苏格拉底被收进监狱,一俟圣船返回雅典,便会被执行死刑。

就在这一个月的监禁生涯中,朋友们经常来看望他。但"今天"非比寻常,天还未亮,老友克里同就来到监狱里,想告诉苏格拉底那个"噩耗",船马上就到,苏格拉底死到临头矣。但苏格拉底却依然高卧未醒,这让克里同惊讶不已。苏格拉底说，他刚做了一个梦，一位端庄美丽的女人告诉他，该回家了！死既然是回到极乐世界，那么，苏格拉底梦中得到的就不是噩耗，而是福音。

苏格拉底　　[43a] 你怎么这个时候就来了，克里同？不是还早吗？1

克里同　　的确还早。2

苏　　大概什么时候了？

1　　苏格拉底醒来，看到克里同已经来到囚室里，这本身并不让人惊讶，因为克里同等友人每天都会来监狱里看望他，跟他待上差不多一整天（《斐多》59d）。但克里同今天来得委实太早了，异于平时，必然有重大的原因，由此为后文他与老友在道理上"生死对决"埋下伏笔。

2　　克里同昨天听到了不利于老友的消息，夜不能寐，心急如焚，这与苏格拉底安之若素、坦然高卧的冷静形成鲜明对照。

第一场　序幕

克　　凌晨拂晓前。[1]

苏　　[a5] 我很惊讶，那位监狱的守卫怎么愿意应你开门。[2]

1　天还没有亮，施特劳斯说"谈话不会完全发生在大白天"，难道就因为他们密谋的是一些见不得人的违法乱纪之事？《申辩》发生在大白天，与此互补。《克里同》与《普罗塔戈拉》的戏剧时间相同，但用意却似乎相反。从黑暗到光明，可谓"启蒙"（enlightenment），只不过普罗塔戈拉开启的是"智术师的启蒙"，而苏格拉底实施的则是真正的"热爱智慧的启蒙"。这两种启蒙方式恰好形成对照，是现代思想世界的古代翻版。

2　苏格拉底的第二种惊讶就是克里同如何能够"入门"，这里引出克里同对守卫的"贿赂"，以表明克里同的富有和"不法"。实际上，这位守卫对苏格拉底颇为同情，深知苏格拉底的高尚与伟大（《斐多》116c），这或许是他愿意给克里同"开后门"的原因之一，也是克里同越狱计划的关键环节。此外，克里同能够"入门"是否暗示了一个毫无思辨基础的人能否进入热爱智慧的殿堂的问题？这颇值得玩味。

克　我现在跟他已经很熟，苏格拉底，进进出出那么多回，而且我还给了他一点点好处。[1]

苏　你是刚到，还是来了一阵子？

克　[a10] 好一阵子了。

苏　[43b] 那你怎么不马上叫醒我，反倒静悄悄坐在一旁？[2]

1　这通常被视为克里同不遵守法律的证据，为接下来他与苏格拉底关于"不合法的正义"与"合法的正义"之较量做好了铺垫。但是，与其说贿赂看守表明了克里同的富有和不法，不如说展示了他的真诚和友谊。毕竟，这里的意思颇为含混，他有可能是通过"人情"或"小费"，另外我们对极为久远的古希腊法律也并不真正了解。

2　苏格拉底语带惊讶和责备，足见两位老友的熟稔与情谊。克里同外表上的"静悄悄"与内心的翻江倒海形成鲜明对比，这里充分展示了其温情而克制的一面（终归是老年人）。《普罗塔戈拉》中的希珀克拉底猛敲房门，吵醒了苏格拉底，苏格拉底以为他来说糟糕

克　凭宙斯起誓,[1] 我才不会呢,苏格拉底,我自己都不愿陷在那样的失眠和痛苦之中。[2] 不过,看你睡得那么快乐,倒让我[b5]惊讶了好一阵子,[3] 所

事儿,而小伙子以为自己带来的是好消息:普罗塔戈拉来啦!克里同以为自己带来的是坏消息,圣船归来,老友赴死,但这对苏格拉底来说其实是好消息。希珀克拉底和克里同都弄反了,他们俩都是常人。

1　这里的起誓表明克里同情绪激动。他脑子里可能一直在盘算着如何劝说老友,也在规划着缜密的越狱方案,故而回答得颇为突兀。

2　人同此心,心同此理。但人有不同,心和理也必然不同,克里同所认为的痛苦,苏格拉底却可能甘之如饴;能够让克里同失眠的事情,未必会让苏格拉底上心。克里同有不忍人之心,既因"四端"之善,也是友谊使然。克里同知道苏格拉底死期临近,不愿意打扰其最后的安逸时光。

3　照理说,苏格拉底被城邦不义判刑,就应该"信非吾罪而弃逐兮,何日夜而忘之?"(屈原《九章·

以我才故意没叫醒你，好让你尽情享受最快乐的时光。我过去多次为你平生的性情感到幸福无比，尤其你面对当前的遭遇，竟如此安之若素，平和泰然。1

哀郢》）但克里同看到的却是"阽余身而危死兮，揽余初其犹未悔"，因为他不懂得苏格拉底"亦余心之所善兮，虽九死其犹未悔"（《离骚》），即苏格拉底在庭审时说的，矢志不渝，哪怕死很多次也不后悔（《申辩》30c）。克里同的惊讶与苏格拉底的惊讶不同，前者是无法理解，后者仅仅是好奇。

  这里的"香甜"与"失眠"和"痛苦"相对照。克里同也许永远无法理解苏格拉底的境界，而这正是哲人苏格拉底犯难的地方：如何让克里同理解他，以及正义和义务，就不单是论证方法的问题了，也许还需要政治哲学尤其哲学修辞的介入。

  1 "当前的遭遇"不只是身陷囹圄，更是被人冤枉，即将死去。这里的话语层层递进，展示克里同油然而生的敬佩之情。苏格拉底处变不惊的态度、镇定自若的性情、平和泰然的心境，让人感到幸福无比，但亦恐非

苏 [b10] 是啊, 克里同, 像我这么大把年纪的人,1 还为必然的大限来临而恼羞成怒, 岂不是乱弹琴!2

可学而至者。据色诺芬回忆, 苏格拉底在监狱中的日子与平常并无二致, 他的恬淡和幸福与外在的财富毫无关系, 他的死因而更显得英勇、高尚、幸福, 即为神所喜。

1 苏格拉底年已古稀, 不仅知天命, 而且早已从心所欲不逾矩——但不是每个人都如此。老年意味着自制, 摆脱了欲望这个最暴虐的主子, 更理智, 有真知, 宁静平和, 获得真正的自由 (《王制》329c)。这就是幸福或美好生活 (参下文 48b)。

2 苏格拉底的死虽是必然的, 却并非必须, 至少不是自然的, 虽死得其所, 却非死得其时。就连克里同都知道, 苏格拉底本可以不死, 这个结局乃是苏格拉底自找的。但在苏格拉底看来, 对必然之事恼羞成怒, 那才是"不在调上", 荒谬之极。克里同虽与苏格拉底同龄, 却张皇失措, 这也许就是关心则乱。从苏格拉底高贵、正义和绝对的观点来看, 克里同接下来貌似合理

克　[43c] 其他这把年纪的人，苏格拉底，在这样的遭际中就会被击垮，与你相反，年龄丝毫没有让他们在厄运临头时从恼怒中解脱出来。1

苏　是那么回事。2 你究竟为何那么早就到了？

的言辞即便谈不上荒谬，也有些"乱弹琴"的意味。

1　人之将死，恐惧立至，因为灵魂即将进入冥府受审，生前不义者，要遭受酷刑（《王制》330d）。相反，正义者并不惧怕冥府的审判，但世间几人问心无愧？年龄并不能让一般人免于对死亡的恐惧，而对横死的恐惧就是现代政治学的基础。心性（tropos）和修养使人免于恐惧："君子不忧不惧"（《论语·颜渊》），"仁者不忧，知者不惑，勇者不惧"（《论语·宪问》），只有解脱，才能自由（另参西塞罗《论老年》14.49）。

2　苏格拉底认可克里同对普通人的判断，既说明高明者亦能"道中庸"，也说明高深的思辨论证必须从普通人的意见出发，不是要听从而是要面对他们的意见。苏格拉底在这里中断了克里同关于老年与死亡关系的讨论，打断了他的奉承，转而回到最初的也是苏格拉底最关心的问题。

克　[c5] 苏格拉底啊,我带来了难受的消息,不是对你,在我看来,而是对我以及对你所有忠实的朋友来说都太难受、太痛苦的,尤其是对我,我觉得,最难以忍受的痛苦。[1]

苏　什么样的消息?船从德洛斯回来了吗,

---

[1] 此处语言重复,语序混乱,结构破碎,语义上却不断推进,展示出克里同的恐慌、压抑和痛苦。这里营造出的感伤和忧郁的氛围,最终被"雅典法律"的道理光辉驱散。克里同其实懂得苏格拉底已臻化境,这种痛苦"不是对你",而是出自我们。克里同的痛苦来自苏格拉底即将身被死刑,更来自他清楚地知道苏格拉底不会听从他越狱的建议(从庭审即可知苏格拉底已不在乎生死),却又因情谊和身份之故,知其不可而为之。克里同心烦意乱,却并未失去理智,而是静静地坐在苏格拉底的床边,构思着接下来的一套他力所能及的"绝妙好辞",也在规划着逃跑的种种细节。只不过修辞终归是有限度的,在哲人的顽固、高尚的道德和超越性的宗教面前没有多大的容身之地。克里同不大懂哲人的道理,却并非没有思考能力。

它一［43d］到我就得死？[1]

克　还没到，但我想今天就会到，据有些从苏尼昂回来的人报信，[2] 他们是在那里离开那条船的。据那些报信人［d5］说，船显然今天就到，你明天就必然会，苏格拉底啊，终结你的生命。[3]

1　雅典人感激阿波罗安全送回了忒修斯，便每年派船到德洛斯去祭祀，在此期间，城邦不能处死任何人，故而苏格拉底受审之后，在监狱里多活了一个月。面对克里同结结巴巴，欲言又止，苏格拉底直接说出了"死"字。克里同讳言"死"，因为"死"对于普通人来说便是天大的事。但苏格拉底不这么认为。苏格拉底接下来一直在引导克里同说出自己的想法。

2　苏尼昂是阿提卡半岛最东南端一角，离雅典五六十公里，常有逆风，乘客们在此下船，再走陆路去雅典。

3　克里同起初说，"我想"，即只是猜测，后来干脆把道听途说的东西当成"显然"的事实，表明他极易受他人说法的影响，为下文他以大众意见为准绳做

苏　好啊,克里同,愿好运相随,如果神们喜欢的话,就让它来吧![1] 不过,我相信船今天不会到。

克　[44a] 你凭什么这样断定?[2]

好了铺垫。与此相反,苏格拉底的判断则更依赖于他内在的东西,如神明的托梦,他身上那著名的"精灵",以及"道理"本身。

1　苏格拉底兴高采烈地欢迎这个消息,苦等一个月(乃至许多年)的好事终于来了,与克里同垂头丧气形成对比。死对一般人而言是厄运,对苏格拉底却是好运,他渴求已久。"神明所喜"本是程式化的语言,却也合于苏格拉底的想法:神明才是决定一切的主宰,凡人或大众的意见不值一提。克里同只是借助外界的传言而猜想,苏格拉底则另有通神的本领可明确地"知道"。

2　"断定"本指"根据迹象来推断",克里同无意之中挑明了苏格拉底身上有"神迹",苏格拉底接下来即是凭神迹做出正确的判断。苏格拉底在庭审时,一方面否认自己不信城邦的神以及引入新神,同时却承认

苏　我给你说吧。[1] 船如果一回来，第二天我就得死。

克　主管这件事的那些人就是这么说的。[2]

苏　[a5] 不会在即将到来的这一天回来，我相信，而是明天才会到。我是从昨夜，就是一小会儿前的一个梦里看到的推断出来的——你碰巧没有叫醒我，那真是恰到时机。[3]

自己身上有一种神迹（《申辩》31d）。他身上的"精灵"未必是邪神，却终归不是城邦所信仰的神。苏格拉底的精灵近于后世所谓"理性神"，下文的"雅典法律"庶几近之。

1　苏格拉底因有神明附体，故而自信满满。

2　即每年一届的"十一人委员会"，雅典十个部族每个部族抽选一人，加上书记官，主要负责狱政，监督处决犯人（《申辩》37c，亚里士多德《雅典政制》52.1）。

3　据说后半夜的梦都比较灵验，而前半夜的梦则多半是假的。死是无梦的睡眠，美妙无比（《申辩》

第一场 序幕

克　那究竟是一个什么样的梦？

苏　[a10] 我仿佛看到有个美丽而端庄的女人朝我走来，[44b] 她身着白衣，1 叫着我的

40d），但苏格拉底此时还没有死，故而有梦。而且苏格拉底与"梦"关系甚深，他往往依据神明通过梦发送的指示来做事（《申辩》33c）。苏格拉底临终前透露，他一生经常做同一个梦，神明要他作乐和劳作，就是要他从事热爱智慧的事业（即省察自己和他人），因为热爱智慧乃是最伟大的乐，因而哲思就是人类自我洁净的最佳方式（《斐多》60e-61a）。但梦不可靠，却也是普遍的常识，故而亚里士多德不认为梦有多大意义，更不认为梦是神明赐予的（《论梦》等）。庄子说，圣人"其寝不梦"，难道苏格拉底不在此列？东西方的圣人有所不同？现代西方思想建立在笛卡尔的梦之上。

1　白色代表吉祥、圣洁、好运和高兴，她可能是命运女神。当然，白色也与死亡和葬礼有关（《法义》947b）。这位美丽端庄的女人在外表上与色诺芬笔下的"德性女神"极为相似。

名字，对我说："苏格拉底，你第三天就到富饶的弗提亚来吧。"[1]

克　这个梦好奇怪，苏格拉底。[2]

1　苏格拉底把《荷马史诗》中的两段话拼接起来，反其意而用之，引诗和改诗乃是古代常见的论证技巧。阿喀琉斯因受辱而退出战斗，第三天就会到达他的家乡，帖撒利亚的弗提亚（《伊利亚特》9.363）。女神忒提斯对儿子阿喀琉斯说，他若为友复仇而杀死赫克托尔，便会死去（《伊利亚特》18.94）。阿喀琉斯为了活命才逃避责任，苏格拉底却坚守职责（即义务），把死当成归家。苏格拉底自比阿喀琉斯（《申辩》28c），宁为善而死，不苟且偷生。"弗提亚"在希腊语中有"死亡"之意：苏格拉底视死如归。根据俄耳甫斯教义，灵魂只有在身体睡着的情况下才最为活跃，死就是回家。古人普遍认为，灵魂摆脱肉体之后，才变得更纯洁，更有智慧（西塞罗《论老年》22.80）。

2　克里同显然不相信苏格拉底的梦（以及苏格拉底的精灵），在对话中也没有提到神。"克里同是清醒

苏　清楚异常，在我看来，克里同。

[附释] 苏格拉底是一位理性主义者，以诘问、怀疑或质疑著称，却笃信自己身上的神迹，这就是他"自知无知"的边界或依据吗？既然白衣女人即命运女神已下达了"判决书"，那么无论事情第二天还是第三天发生，任何劝逃的话都

的人，或毋宁说是缺乏想象的从而视野狭隘的人，因而对超越他的领域和他的经验之外的事物毫无兴趣。"（施疏）克里同没有注意到，他劝苏格拉底逃去的地方正是帖撒利亚，也似乎没有理解"弗提亚"的双关意思，也许是因为眼下事情紧急而"心不在焉"。

克里同不是哲人，却也并不"愚蠢"。克里同不是"爱智慧者"，却热爱那些爱智慧的人（philo- sopher），尤其热爱苏格拉底。"好智的哲人与不好智的常人可以超乎寻常地亲密无间，这种亲密甚至超过智性的朋友。"（刘疏）克里同堪称世事洞明，人情练达，这在古代也是"哲学"。

已显得多余。

与《普罗塔戈拉》中毛毛躁躁的希珀克拉底相比较，克里同无疑有很强的自制力，尽管他的情感极为强烈。"自制"是老年人的特点，更是古典思想极为赞颂的高贵品质，在很大程度上是"智慧"的变体。从这个意义上说，克里同并非没有智慧，至少他"爱智慧"。苏格拉底的生死对克里同来说极为重要。

在人们通常的想象中，临死前的场景都比较悲伤和激愤。实际情况却恰恰相反，监室内一片安宁祥和，死刑犯依然高卧未醒，即便醒来也从容淡定。相反，来报信并打算带苏格拉底逃跑的克里同却心急火燎，痛苦不已。死到临头的人不疾不徐，尚未等到死亡光顾的人（47a）却恍如马上就要被处死；劝人的反被劝，被劝的反倒成了劝诫者。这种"反差"构建起强烈的戏剧效果。

第二场 大众

[题解] 不少现代解经者都认为,克里同并非哲人,缺乏理解力,满身铜臭,俗不可耐,对苏格拉底很多看法都直接说"不明白"(如50a5)。在道德上,克里同也是苏格拉底的对立面,如果说苏格拉底奉公守法,那么克里同可谓无法无天;他不仅贿赂看守,贿赂告密者,还试图劝说苏格拉底越狱,败坏苏格拉底!

克里同劝苏格拉底越狱,动之以情,晓之以理(尽管他的"理"与苏格拉底不同,或比之"不如")。克里同深知苏格拉底的脾气秉性,却也尽力表达了自己的"意见",实际上也就是"大众"的看法。

在以克里同为代表的大众看来,苏格拉底拒绝越狱,是对朋友的不义,对家人的不仁,对自己的不智，临事不勇，瞻前顾后，给朋友徒留骂名，弃妻儿于凄惨，反倒让敌人心满意足，简直是愚蠢之尤。克里同没有想到的是，苏格拉底对祖国和法律的"忠"，本身就是最大的"仁义礼智信"。

克里同明白"扶友"为"义"，"爱人"为"仁"，"自保"为"智"。克里同使用了重复、命令、反问等复杂的手法，其讲辞如同一曲结构严谨的乐章，逐级上升，不断增强，听起来合情合理，很有说服力。当然，最让人动容的，还是克里同细心周到的安排，他不惜牺牲自己的利益来帮助朋友，成全他所认为的正义。

名声与意见

克　　[b5] 太过清楚了，似乎。[1] 不过，鬼

1　克里同不愿意在"解梦"上纠缠，一方面可能是他不理解，更可能是事出紧急，他急不可耐地想把苏格拉底捞出去，不愿意在这些没要紧的事情上耽误工夫。

第二场　大众

精灵的苏格拉底，[1]　现在也仍然听我一劝，[2]　救救你自己吧。对我来说，如果你死去，那就不止一重灾难了，[3]　而是除了失去这样一位我再也找

---

[1]　雅典人常用的称呼，一般表示尊重，也有讽刺、责备和进谏之意，常用于较为严厉的场合。克里同不懂得定义、诘难和反讽等手法，更没有时间和心情，他必须直奔主题。这里的"精灵"没有影射苏格拉底身上那个著名神迹的意思，但能呼应苏格拉底刚才提到梦中白衣女神一事。

[2]　这是克里同最后的恳求。可见克里同等朋友以前多次劝苏格拉底逃跑，苏格拉底对克里同接下来的话语应该早已耳熟能详。"劝说"或"说服"乃是修辞的直接目的，也是智术师之所长，哲人之短。智术师以大众为基础，哲人以道理本身为依凭。

[3]　克里同从世俗的角度认为死是一种灾难，苏格拉底则从超越的角度视之为"回家"。《克里同》全篇充满了各种不同的甚至针锋相对的看法，正是这些巧妙的张力构筑起思想世界的丰富性。

不到的挚友以外，1 很多对你和我都了解得不够清楚的人还会认为，[44c] 如果我愿意散财的话，本可以救你，但我居然甘愿撒手不管！还有什么比这种认为我把钱财放在比朋友更重要地位的名声更让我丢脸吗？2 大伙儿根本不会相信你自己不愿意

1　朋友是另一个"我"，因而苏格拉底的死就意味着克里同本人的死，克里同对朋友的死"感同身受"。他深知自己这位独一无二的朋友的宝贵，所以才会把自己的儿子交给苏格拉底去教导。

2　人们普遍认为，克里同劝苏格拉底逃跑，只是出于自私的目的（即真正救的是他自己的名声），而不管这件事的对错。但这也许是克里同的修辞，他希望苏格拉底能为他的名声考虑而接受他的劝说。除此之外，他大概找不到更好的理由了。克里同以"自私"的手段来实现对朋友"无私"的爱，他的行为完全符合希腊人的价值观，也符合苏格拉底的教导：不要关心钱财超过了灵魂的卓越即德性（《申辩》30a-b）。克里同是富有的商人，却绝没有"为富不仁"。"名声"虽然不是

离开这里——［c5］我们对此可是全力以赴啊。1

大众与贤能

苏　但是，多福多寿的克里同，2 我们为什

神圣的德性，但"荣誉"是古人特别看重的存在依据，甚至超过生命，阿喀琉斯就是这方面的楷模。

1　如果考虑到克里同曾经向陪审团做过担保，苏格拉底不会逃走（《斐多》115d），那么克里同的行动就堪称高贵，他为朋友两肋插刀，甘冒奇险，以身相代！苏格拉底自己不愿意活命，而愿意赴死，即便有经费和机会也不越狱，这完全超出了普通人的理解和想象——这是政治哲学必须面对的现实。克里同即便全力以赴，也不见得能被人理解，克里同何其难哉！苏格拉底亦然，只不过克里同寻求大家的理解，苏格拉底不在乎大众的意见，但求问心无愧。克里同不愿意余生都活在指责、内疚、痛苦和悔恨中。克里同也承受着众人意见的压力。

2　这里并非讥讽。苏格拉底不会对普通人使用诘难和反讽等手法。

么要如此在乎大众的意见？那些最贤能的人，他们的意见更值得考虑，因为他们会这样认可已然做出的事情，只要它一旦做出来了。1

克 ［44d］你看你看，苏格拉底，但也必须在乎大众的意见啊。2 你眼下这个样子本身就

1　大众与贤能即城邦与哲人（后者总是少数）的关系问题，是古典政治哲学的基本问题。苏格拉底并没有回答克里同的第一个问题，即失去挚友之痛，也许苏格拉底坚定赴死，使得这个问题难以回答，也不必回答。苏格拉底后来化身为雅典法律，暗中回到了克里同的立场上，尊重大众的意见，甚至以之为基本的论据。苏格拉底没有蔑视和否认大众的"专家论"。苏格拉底未进一步谈到政体，是因为克里同不关心这种大问题。

2　克里同知道苏格拉底其实懂得应该尊重大众的意见，就是不落到实处。克里同的"名声"（doxa）和大众的"意见"在希腊语里是同一个词，与其说克里同看重自己的名声，不如说克里同要苏格拉底重视大众的意见——这是政治哲学的起点和理论对象。这里开始

清楚地表明，大众能够造成的祸害绝不会最小，而几乎会最大，如果有人在他们面前诽［d5］谤的话。1

苏　唯愿，克里同啊，大众是那种能够造成最大祸害的人，那么也就是那种能够做出最大好事

展现出孤独的哲人与大量普通人的紧张与冲突。克里同并不真正惧怕大众（而是懂大众），否则不会冒死前来营救：他是要给热爱智慧补上群众基础。克里同不是政治哲学家，但政治哲学需要普通的常识。

1　克里同以苏格拉底的现状为例，说明大众的性质：容易受蛊惑而作恶，且无所不用其极，让人想起庭审过程。克里同本人也很清楚，他自己实际上正在承受着来自大众的巨大危险。传闻也罢，梦境也好，都不如现实更显然。克里同先说大众的祸害"绝不会最小"，进而说其祸害"几乎会最大"，表明克里同一开始不愿意批评老友的处事策略，但接下来被逼而吐出实话。

的人——那才好呢。[1] 但现在看来，他们两样都不能：他们既没有能力把人变审慎，也没有能力把人变愚蠢，他们只是 [d10] 做偶然遇见的任何事。[2]

1　苏格拉底的立场过于强硬，他并非不知道大众的能力（他的"下场"即为明证），却对哲人与城邦的永恒冲突不屑一顾，让人困惑，也许是反驳克里同所需，更是为了接下来以更好的方式（即以雅典法律的名义）来劝导克里同。苏格拉底似乎有些强词夺理，因为能作大恶者未必能行大善。德性即知识，难以获得，作恶却仅需意志和欲望。成事不足者，败事往往有余（46c）。苏格拉底在敷衍克里同，却温和而含蓄地坚持了自己的观点。

2　审慎或明智（phronesis）是古希腊文教的最高目标，当然不是大众所能教导的，虽然他们自己未必没有这方面的素质。大众的行为多有偶然性，看机缘，如墙头草，也必有一定的概率让人变聪明或愚蠢。苏格拉底必有所指，尤其近期雅典民主政府被民意绑架而随处死了不少人，包括国之干城。

友谊与钱财

克　[44e] 他们也就那么回事。[1] 那么,苏格拉底,请告诉我这一点:你莫不是在为我和其他挚友们预先担心起来,[2] 假如你从这里逃跑,那些告密者会找我们的麻烦,因为我们一旦把你从这里偷偷弄走,我们要么就会被 [e5] 迫丧失

---

[1]　这句肯定性的附和之语并不表明克里同接受了苏格拉底对大众的看法,而是表明他不愿意在这个大问题上纠缠不清。他急于转向对越狱"后果"的讨论,以此来宽老友的心。克里同第一个回合失败了,未能说服老友,便立即另辟蹊径,被迫提出更严肃的论证。

[2]　克里同并未放弃劝说,他想到苏格拉底拒绝逃跑有可能是因关心朋友使然。"预先担心"即"前思","普罗米修斯"之名由此而来。克里同看重现实(再不走就要死人了),苏格拉底关心未来(走了之后朋友们会有大麻烦)。

全部财产，要么损失大半钱财，要么还会遭受其他某些刑罚？[1] 如果你竟有些 [45a] 害怕这一点，且请宽心好了。冒这个险，甚至如果有必要的话，冒更大的险去救你，我们才算正义。[2] 所

1　克里同知道苏格拉底在为朋友们担心，也大概明白苏格拉底强硬立场的柔软底色。雅典法律制度滋生了"告密者"，堪称城邦的恶瘤。"告密"，本指"摇无花果"，近于"敲竹杠"。克里同等人的损失远不止丧失财产，他轻描淡写所说的"其他刑罚"或"更大的险"才真正惊心动魄：流放或死刑。

2　克里同的所有论据都是为了让苏格拉底不要担心，而苏格拉底则以大道理和实际行动让朋友们不要提心吊胆。克里同的理由从世俗的钱财上升到神圣的正义——克里同并不蠢，亦非不懂大道理。正义就是义务，扶友即其主要内涵（接下来克里同讲"损敌"）。克里同深知自己的风险有多大，却义不容辞。克里同的劝说势在必行，苏格拉底的拒绝亦不得不然耳。两种不同的正义观针锋相对，似乎不可调和。但谁才有资格来评判呢？

第二场　大众

以，就听我一句劝，不要拒绝。

苏　我担心这些东西，克里同，还担心其他
[a5] 很多东西。[1]

克　那好说，你既不要害怕这些东西[2]——
事实上，用不了几两银子，某些人愿意拿来救你，
把你从这里捞出去。再说，你难道没有看出，那

1　面对义薄云天的老友，苏格拉底只得实话实说，但他还没有来得及展开说明"其他很多东西"，就被克里同打断了。克里同可能不太理解苏格拉底更深刻的道理，以为苏格拉底担心朋友们破费，便加倍努力在这方面劝说。

2　克里同这句话很长，针对"既不要害怕"的"这些东西"引出了十一行之多，然后才是"也不要"，中间皆是颇为重复的插入语，很好地展示了克里同的性格和心情。花钱摆平告密者与这里正在讨论的越狱一样，不能简单理解为克里同财大气粗和不法。克里同不惜一切代价来营救老友。廉价而贪心的告密者属于大众之列——克里同懂大众。

些个告密者多么烂贱，根本不需要花多少银子就可以摆平他们？

[45b] 我的钱财就是你的，1 我相信，足够了。再说，如果你有些关照我，认为不应该花我的，那么，这里的异乡人，他们早已准备破费：其中一人已为此带来足够的银子，这就是忒[b5]拜人西米阿斯，当然刻贝斯和其他很多人也都准备好了钱。2

1 　仅凭这句话，就足以抵消后世学者对克里同的任何诋毁。克里同句句不离钱财，看上去满身铜臭，却可以舍弃全部钱财，只为能营救朋友。

2 　苏格拉底不让克里同破费，不是钱的问题，而是不愿意给他带来麻烦。克里同早已有所准备，异乡人（即上文的"某些人"）已带着经费来到雅典，随时候命。这有可能是克里同的安排，异乡人可免于告密者的伤害，亦可随时逃跑。克里同自豪、自信而兴奋地安排着一切。西米阿斯和刻贝斯都是忒拜人，是苏格拉底的密友，原来可能是毕达哥拉斯主义者，后为苏格拉底的所以，正如我说的，既不要害怕这些东西而不去救你自己，也不要因你曾在法庭上说过的话而觉得难办，那就是你一旦流亡，就不知道何以自处1——因为很［45c］多地方，正如以前一样，如果你去了的话，他们都会热情款待你：如果你愿意去帖撒利亚，那里有我一些异邦世交，他们会非常敬重你，他们会向你提供安稳保障，

思想人品所吸引，投入其门下，为其送终，是临终对话的重要参与者（《斐多》59c）。

1　克里同的话语推进到第二个层次，他不再谈钱，而谈苏格拉底越狱后的生活安排。克里同虽然没有让苏格拉底食言——收回在法庭上慷慨激昂的表态，但他以为苏格拉底是怕越狱后无以为生，也的确不够懂苏格拉底。苏格拉底不愿意四海飘零，是因为他不相信其他地方能够容忍他的德性。他宁死也不放弃自己的生活方式（《申辩》37c-38a），即便他不愿意让热爱智慧的生活方式伤及无辜。

可以保证在帖撒利亚没有人惊扰你。1

责任与救赎

［c5］再说，苏格拉底，我认为你打算要做的事情不正义——在能够有救的情况下断送自己的性命，而且你渴盼为自己达到的那些结果，正是你的敌人渴盼的，他们一直都渴盼着能够想方设法毁灭你。2

1　克里同虽然知道苏格拉底为什么拒绝流放，却仍然坚持提出流亡的具体安排，并强调在流亡地可能遇到的"敬重"，以尽力说服苏格拉底。克里同未必不理解苏格拉底的高洁情怀，也未必不知道他终究无法说动苏格拉底，因而克里同知其不可为而为之的言行就显得颇为悲壮。

2　克里同的论证又到了一个新的高度。他批评苏格拉底"不义"，结果"仇者快、亲者痛"。从克里同的"正义"和苏格拉底的"不义"两个方面来看，越狱都是正义的。正义即守法，可是由于苏格拉底被不义而且我还认为，你也把你的儿子们一并断送到那些人手中，而你本来［45d］能够把他们抚养长大、教育成人，你却一走了之，把他们丢在身后，对你来说，他们似乎只能如此听天由命——他们很可能会成为那种在孤苦无依之中习惯于孤儿生活的可怜虫。[1] 要么就不该生下［d5］这些孩子，

地判了死刑，现在竟需靠违法来实现正义，足见悖谬，亦知克里同的无奈。

人不可懦弱怕死，亦不必暴虎冯河，主动立于危墙之下，是为"不智"。克里同深知苏格拉底急于求死，但这恰好是敌人所渴望的。怎么能让敌人轻易得逞，甚至主动迎合敌人的诡计呢？这岂不是太蠢！敌友之分是政治社会的基本要求，但苏格拉底超越了这个层次：克里同的正义观似乎流于表面。

1 苏格拉底罔顾家人，是为"不仁"。这才是克里同劝告词的杀手锏，它诉诸每个人心中最柔软的家庭之爱。苏格拉底生活在世俗中，有妻室，有三个儿子，一个是小伙子，未必能自立，另外两个还是小孩子（《申辩》

要么就该与他们始终共患难，抚养和教育他们，但我认为，你却选择了最漫不经心的道路。¹ 相反，一个男人如果选择当善良而勇敢的人，就应该选择这些辛劳，尤其对于一个终生都在宣谕要关心

34d）。人非木石，岂能无情？但苏格拉底在庭审时就已经公开回答了这个问题，他当时竟然向敌人"托孤"！苏格拉底自己想死，但有资格连累妻儿吗，忍心让亲人听天由命？在某些人看来，苏格拉底的行为自私而懦弱，"漫不经心"，不负责任，如同"遗弃"（desertion），亦为大罪。

1　克里同身为父亲，重视孩子的教育，请苏格拉底来教他的儿子，这时却批评同为人父的苏格拉底，甚至在教他如何做父亲：生了孩子，就要负责任。苏格拉底只顾自己，留下孤儿寡母备尝人世艰辛。克里同义正词严，掷地有声，何谈愚蠢？也许苏格拉底辜负自己的父亲身份，是为了成全更伟大的父亲，即他的祖国。

德性的人来说,更应如此——1

所以,我[45e]对你以及对我们这些你的挚友感到羞耻。大家莫不以为,在你身上发生的这整件事情,都是由于我们某种程度的怯懦造成的,2

---

1 普通人以德性来教育德性教育者,与其说是反讽,不如说克里同机敏地以其人之道还治其人之身。但苏格拉底的话语中丝毫没有讥讽,反倒以雅典法律之名贴心地维护着老友的颜面。德性不是空谈,而要实行。克里同从正义上升到高贵。克里同并非不讲道德,反倒具有高度的道德热忱(近于义愤)。免遭不义是能够行正义的基础,否则,命之不存,以何行善?这与后世作为政法理论基础的"自保"大不相同,尽管克里同没有谈到苏格拉底对城邦的义务。

2 克里同暗中影射:朋友们蒙受的骂名是苏格拉底的懦弱所致。苏格拉底一死了之,逃避责任,是为"不勇"。死比生更容易,因为生需要更大的勇气。但苏格拉底坚守道义,维护法律,不惧死亡,正是勇敢的表现(《申辩》28d-29a)。克里同究竟是道德教诲还是而且通向法庭的官司之门本来可以不进去的，官司本身［e5］又打成那个样子，还有最后这个似乎荒唐可笑的结局；1 人们会认为都是因我们的某种卑鄙和懦弱而从我们手上错［46a］失了，我们这些人没有救你，你也没有救自己，即便可行也可能，假如我们还有那么一丁点用处的话。2

道德绑架？也许都是，更是两种不同道德观的冲突。

  1 克里同进一步指出，苏格拉底是造成这一切的罪魁祸首。克里同的"不满"导致他翻旧账，表达了所有普通人对苏格拉底的行为的不理解。克里同深知苏格拉底早就不在乎生死。苏格拉底本可以提前离开雅典，不打官司，但他却不认真抗辩，视官司如儿戏，处处激怒陪审团，拒绝罚款或流放（52c），因此才会造成目前的结局——因失败而成为雅典的笑话。苏格拉底当然不认为自己是舞台小丑，反倒觉得自己即将成为英雄。

  2 克里同重复了开始的理由（44c），但此处有所不同，更多的是表达了朋友们发自内心的愧疚。人们会把控告、抗辩、量刑等方面的失败都归在苏门子苏格拉底啊,你看,这些东西不仅卑鄙,而且可耻,对你和对我们来说都是如此。[1]

弟身上,仿佛他们只要肯花钱,就可以摆平一切,包括贿赂陪审团。总之,苏格拉底不逃跑,就陷朋友于不名誉之地,是为不义;而如果跑了,就既能救自己的命,也能挽救朋友们的名声。这里的重点已不再是救苏格拉底,而是以此为由请这个被救者通过跑路来救朋友们。友谊不在实用,但朋友们虽无大才,终有一点用处:给个面子证明他们的存在价值吧。克里同只重后果,不管原则,却有何等高明的修辞。克里同不理解的是,既然利己又利他,可能又可行,如此简单,苏格拉底何乐不为?

[1] 这是克里同的总结。卑鄙和可耻的不仅是未能拯救朋友的克里同等人,也包括不仁、不义、不勇、不智的苏格拉底自己。克里同句句诛心,但苏格拉底对邪恶和可耻的看法与此不同(49b)。坚守道义反而是卑鄙和可耻,越狱反倒正义而高尚,这样的论证显然有问题,至少境界不足,却并非站不住脚。克里同没有明确说出

所以，你考虑吧——或毋宁说，现在不是考[a5]虑的时候，而应该是已经考虑好的时候——只能有一种考虑：今夜，所有这一切都应该已经付诸行动，如果我们还继续等下去，那就既不可能也不可行了。[1] 所以无论如何，苏格拉底，就听我一句劝吧，你可千万不要拒绝。

的一个更重要的理由是：苏格拉底没有逃跑，借此帮助城邦改正错误，从而让城邦成了千古笑柄，是为不忠（亦即雅典法律所说的不孝，祖国比父母更神圣）。据说亚里士多德逃离雅典，就是为了不让雅典人再次对哲人犯下大错。

1 "今夜"表明克里同仍然坚持认为船今天就会到达，苏格拉底的梦并未说服他。事态紧急，已不容讨论，必须立即行动。克里同已经考虑好了，而苏格拉底根本就没有考虑过。思与行在理论上似乎是对立的范畴，但在实践中，两者并不矛盾，反倒互相成就。难道说普通人善于行，而哲人只长于空言之思，缺乏足够的决断能力？

[附释] 克里同的语言简洁有力，既因时间紧迫，也表现出克里同的自信：他以为自己"天衣无缝"的论证应该能够说动苏格拉底。克里同并非木讷无知，更非缺乏理智，反倒头脑清晰，心思缜密，说话有理有据，做事有章有法。

克里同以朋友们的名声、苏格拉底的妻儿以及他自己的责任为由来劝苏格拉底，看上去不是那么高明，却是一些实在而具体的理由。我们现在可能已无法体会名声或荣誉对于希腊人来说多么重要，它甚至胜于生死。仅仅从这一点来看，克里同并非彻头彻尾的俗人：他像英雄和伟人一样更看重名声。荣誉是另一个自我，一种精神性的自我，高于肉体，因而才是真正的自我。

克里同知道自己完全无法在苏格拉底毫不介意的问题上说动他，便只好以对朋友不义来"绑架"苏格拉底。——除此之外，任何在克里同这种处境下的说服者，还能够想到其他办法吗？

第三场　热爱智慧

[题解] 对于克里同首尾呼应、环环相扣、合情合理的论证，苏格拉底不得不予以回应。他先提出了一个总纲，即必须遵守道理，然后以"专家论"推而论之，最后以不能行不义这个"绝对命令"作结。

苏格拉底的"专家论"与其"德性即知识"一脉相承：只有懂行的人才知道如何做最好，才能造就健康的身体和健全的灵魂。人所做的一切不是为了活着，而是为了美好生活，这是苏格拉底的"理学"，也是古典政治哲学的基础。

苏格拉底的智识洞见固然高于克里同的"常识"，但两者并非势不两立，更非前者吞并和遮盖后者，而是充满了思想的张力，至少可以互补。克里同不是哲人，也绝非哲人的敌人。相反，他是哲人的朋友和盟友,甚至在世俗意义上还是哲人的"恩人",他至少有着施恩于哲人的强烈意愿(即便这种恩德也不过是雅典习传道德中的应然之事)。

苏格拉底的目的不是要造就一个哲人,而是要培养一个好人,因此这部分在逻辑上算不得"成功"(甚至不乏诡辩)。那是哲学本身的局限所致——哲学固然高明,终归不到究竟:苏格拉底以自己名义所做的反驳,只是在方法论上清扫了外围据点,而真正的攻坚战只能靠雅典法律来实施。

原则与道理

苏 [46b] 亲爱的克里同,你的关心非常可贵,如果出于某种正道的话;而如果不是,那么你的关心越大,就越让人为难。[1] 因而我们必

---

[1] 一般人会觉得苏格拉底这里的称呼显示他的感动,但注疏家们一致认为是表示抗议和强调。"可贵"

须考察,这件事应该做,还是不应该做,1 因为我不是现在才第一次,而一直都是这样一种人——我决不听从我的其他东西,而是听从那种经过我的 [b5] 推理似乎最好的道理。2 我现在不

———————

即有"价值",表明苏格拉底并未否认克里同极为难得的努力和情谊,但可贵不等于高贵,关心不一定就正确;相反,高贵必定可贵。有价值的未必"最正确",价值世界也有等级和秩序,并非"怎么都行"。苏格拉底由此引出"正义"的哲学依据:自然正确。

1　此乃文眼,即《克里同》副标题的出处。"考察"是理性的,"关心"更近于感性。古典思想最关心的问题"人应该如何生活"就涉及"该做"的和不该做的。该做的,就是义务,即义之所在;不该做的,哪怕再有利,也是错误的。并非只有哲人才关心这样的大问题,克里同的讲辞也完全围绕"应该"展开,但两人的理解大不相同。

2　克里同关注后果,而苏格拉底考虑一般原则,即道理。这些道理不是梦中偶得,亦非神明启示,而是理

能因大限降到我头上,就抛弃我以前在这方面说过的道理。[1] 相反,那些道理对我来说,几乎还是相同的东西,[46c] 我现在还像以往那样敬重和尊荣它们。如果我们不能就这种现状说出更好的 [道理] 来,你要知道,我决不会向你让步,决不,哪

性推导的结果。夫子之道,一以贯之,皆理(logos)也。白衣丽人代表神话,此时神话已过渡到理性。苏格拉底不听从别的,尤其不以意见为转移,也就不会听克里同劝,便与大众区别开了。身体服从感觉,灵魂则听从理性。苏格拉底的"理学"尽管与"推理"相关,却不完全是逻辑的结果,而是以实践为依据的思量。

1 "理"即原则,是做人的准则,不能随意更改。理是存在的底线,否则,"忍心害理,何者不为?若违了天理,便与禽兽无异"(《传习录》)。即便关乎生死,也不能受外在的意见左右。"理"才是苏格拉底最好的朋友,而雅典法律不过是神化了的"理"。监狱能束缚肉体,却关不住思想;境况会左右身体,却不能改变灵魂。

怕大众能够比现在更变本加厉地恫吓我们，就像用妖怪来［c5］吓唬我们这些"小孩"一样，说什么要处以囚禁甚至死刑，还要没收财产云云。1

那么，究竟怎样最恰当地考察它？首先，我们重新讨论你就［大众］意见所说的那个道理。

1　这里的"敬重"和"尊荣"已经具有了神圣的意味：理即神。当诸神缺席的时候，理就是神的代理者。当然，理也有层次或级别，只有更好的理才能服人。

大众并非不能作大恶（44d），并非没有置人于死地的政治权力，只不过哲人不为所动而已。依然为大众意见所左右的克里同，虽头头是道，却还处在理智不成熟中，需要苏格拉底来教导或启蒙。监禁、罚款甚至死刑（即44e6的克里同说的"其他刑罚"）只能吓唬不以理为思想脊梁的软骨头，对坚定者毫无用处。大众用什么来吓唬哲人，他们自己就会是那种东西。

对有理智的成年人来说，妖怪虽不吓人，死却真能吓住人。苏格拉底不畏死，奈何以死惧之？苏格拉底以幽默的口吻表达了自己的心志。

是否每次都可以正确地说，[46d] 有些意见必须得注意，有些则不必？是不是我被判死刑以前说的就正确，而现在则似乎很清楚，我只是徒劳地为说而说，真正说来不过是玩话和胡诌？[1] 然而我渴望，[d5] 克里同，与你一起考察，处在目前的情形下，我的话究竟是变了样，还是仍是原来那样，我们究竟该放弃它还是听从它。

我知道，那些认为自己讲得有道理的人每次

1　苏格拉底提出一连串设问，以便增强修辞效果。苏格拉底重新拿克里同的基本道理开刀，釜底抽薪，由低到高，引导克里同。大众的意见并非不值得认真对待，但是只有部分值得注意。"先得辨识多数人的意见是否正确。"（刘疏）。所谓"注意"，本义是带到理智面前（接受审查）。苏格拉底曾在法庭上慷慨激昂，满口大道理，结果招来死刑，难道因此就需要改弦更张吗？难道他说过的话仅是高明的说教，仅说说而已（那是智术师的特色）？"玩话"，在希腊语中与"小孩"是同根词。

都这样说，正如我刚才所讲，人们［46e］提出的意见，有的必须更加重视，有的则不必。[1] 看在诸神的分上，克里同，你难道不认为这话说得很好吗？——你呀，按人之常理来说，既然不存在明天注定要［47a］死的情况，那即将到来的灾难就不应该让你误入歧途。请你想一想——你难道不觉得我们可以很恰当地说，人们的意见并非所有的都必须尊重，而是说，有的必须，有的则不必；也并非所有人的意见都值得尊重，有的值得，有的不值得？你怎么看？［a5］这些话说得不好吗？[2]

---

[1] 共同考察是苏格拉底式辩证法的特点，不同的观点需要正面交锋，而最终的道理则是合作的成果或共同的财产，即便基本上都是苏格拉底在主导谈话。

[2] 有的意见值得重视，有的人值得尊重，其余则不然。针对克里同的批评（44d1），苏格拉底正面回答：他并没有忽视大众的意见，是他对自己立场（44c5）的修正；但他没有放弃自己的基本观点，而是要更详实和强硬地予以全面论证。

克　说得好。

苏　是不是应该尊重有益的意见，而不尊重那些糟糕的意见？

克　那当然。

苏　有益的意见不就是明智者的意见，糟糕的意见不就是愚蠢者［a10］的意见？[1]

克　怎么会不是呢？

专家与大众

苏　那好，这类事情以前又是怎么说的？一个从事体育锻炼［47b］且打算以此为业的人，究竟该专注于每一个人的赞许、责备和意见，还

---

[1] 苏格拉底发起了一段简短的对话，这种典型的苏格拉底式辩证法夹在克里同和雅典法律的长篇大论之间。有益与糟糕、明智与愚蠢有高下之分。苏格拉底并未否认所有意见，但明智者的意见已不是普通意见，与愚蠢者的意见相比，高下立判。

是只留心这样一个人，他碰巧既是医生又是教练？1

克　只听那一个人的。

苏　[b5] 岂不是该畏惧那个人的责备，欣受那个人的赞许，而不理会众人的褒贬？

克　显然该当如此。2

苏　那么，此人在做事、锻炼、[b10] 饮食方面，都应遵从那一个人的意见，因为他既是主

1　这是苏格拉底惯于举的例子，以引入"专家论"。行家值得重视，其他人的毁誉不值一提。每一个人即所有人，与那一个人形成对照，这是少数与多数的对立，有精英主义的倾向，但在古代却是普遍认可的道理。每一个人的赞许，就是现代政治的"公意"或"普遍同意"。医生和教练都关乎身体健康，教师、律师和政治家照料灵魂。

2　克里同已改变立场（44d1-2），不是因为苏格拉底善辩，而是因为他说的是常识。但人们往往忘记常识，受大众的意见左右。

管又是内行，远胜于听从其他所有人的意见。1

克　是这样。

苏　[47c] 那好。如果不听从这个人，不尊重他的意见和赞许，反倒尊重那些根本不懂行的多数人的说法，岂不要遭殃？

克　怎么不是？2

1　"必须做的"即"义务"，但谁来界定和指导？显然是懂得此道的人。在希腊语中，主管和内行是同义词，都指精通业务的人，也只有这种人的意见才值得尊奉。应该统治的不是人，而是知识。苏格拉底在此指向一般的生活常识：大众无名，贤能有称。而贤能者往往是极少数——"内行"在语法上恰好是单数。

2　此前克里同恰恰认为必须尊重大众的意见，否则要遭殃，而此时，克里同赞同了苏格拉底的看法。

但如果身边找不到专家，就应该听从城邦法律这种"次好的方案"（施疏）。苏格拉底一开始言未及此，因克里同不是合适的讨论对象（刘疏），但终究通过循循善诱以"雅典法律"实证之。这也是理解《王制》与

苏 [c5] 那是什么样的害处，针对哪里，祸害不听从者的哪个部分？

克 毁掉的显然是身体。

苏 说得好。对于其他事情岂不也一样，克里同，我们不必全部详述。至于说正义与 [c10] 不义、丑与美、善与恶，也就是我们眼下正考虑的，1

《法义》关系的重要参照。

如果专家的道理与法律的道理相互抵触，又该怎么办？无法"征圣"，还可以"宗经"，终归必须"从道"。经典亦大法，故可《春秋》决狱。天道、神法或自然法比专家更重要，因为专家也要服从大道。但我们仍面对天道的解释（权）问题。

1　不听医生者，伤及身体；不听灵魂医者，则毁灵魂。后者才是存在之基。这里的"至于说"意在强调性地正式引入更严肃的问题：正义、美与善。从肉体到精神，从职业到价值，进入道德领域。"专家关于什么是正义的 logoi［理］是从关于灵魂的知识而来的。"（施疏）

我们究竟［47d］应该听从众人的意见，并畏惧它，还是应该听从那一个人的意见，既然他对这些东西很内行，我们是否应该在他面前感到羞耻并敬畏他，胜于其他所有人？如果我们不听从，就会败坏和损毁那个东西，它曾因正义而［d5］变得更好，因不义而彻底毁灭。[1] 难道不是这样？

克　我也这么认为，苏格拉底。

1　应该对内行毕恭毕敬，诚惶诚恐，奉为师保，因为涉及灵魂的安危；如果服从众人，则灵魂必然败坏（刘疏）。敬畏和知羞耻则利，羞恶之心为义之端，则义即利也。否则，即有损咎。

"那个东西"指灵魂，它才是善恶的场所，这种理论在当时颇为新颖，故苏格拉底刻意避免提到这个词，以免克里同不接受，让对话难以为继。苏格拉底迂回曲折地引导着克里同。灵魂不会因外在的东西，如财富和名声，而有所变化，它受正义的滋养，因不义而毁伤。"富润屋，德润身"，此之为"诚"。"诚"更在于择善而固执之。

苏　那好。倘若我们由于不听从内行的意见，毁坏了这个靠健康而变得更好、因疾病而败坏的部分，那么，[47e] 这个部分毁灭之后，我们的生活还值得一过吗？[1] 这个部分就是身体，不是吗？

克　当然是。

苏　难道随着身体的变糟糕甚至毁坏，我们的生活还值得一过？

克　[e5] 绝对不值得。

苏　那么，随着那个部分的毁坏——不义可

---

[1] 苏格拉底层层推进。不信内行而听众人，则殆矣。有知识的人才应该拥有权力，而不是相反。身心两分，却不完全对立：苏格拉底并未忽视身体。没有一副好身板，就不可能有好生活，尽管这是在较低的意义上而言的，却并非虚言。身体毁坏，就谈不上生命了，这个简单的道理是政治的基础，却远不是政治的目标，故而现代政治哲学仅强调身体性的"自保"是跌破了人的底线。

损毁之、正义则可帮助之——我们的生活还值得过吗？我们的那个部分，无论究竟叫做什么，[48a] 既然关乎不义和正义，我们难道会认为那个东西比身体更低等？[1]

克　绝非更低。

苏　而是更值得尊重？

克　远远更值得尊重。

高贵与正义

苏　[a5] 那么，我的好人，[2] 我们千万不

1　苏格拉底未展开讨论，只是提到了一个克里同可能熟悉的立场。身心同理，故能以身观心。然身心皆属人，地位却不同，价值亦不一（那个东西"更值得尊重"）。"那个部分"即灵魂，依然说得隐秘，以避免话题岔到形而上学上。灵魂关乎正义，而正义才是高贵的，故而灵魂优于身体。克里同试图拯救苏格拉底的身体，而苏格拉底则借此机会挽救克里同的灵魂。

2　注意这里至48e2四次非同寻常的称呼（施疏）。

能如此在意众人对我们说的什么，而要考虑那个精通正义和不义的人的说法，也就是听从那一个人和真理本身。[1] 所以，你在这方面的提议一开始就不正确，[2] 说什么我们必须考虑众人关于正

---

[1] "那一个人"与真理本身，都太罕见了，不可得而见之，然则苏格拉底与克里同共同推导而来的道理足以代之。真理即精通正义问题的内行所说的话。谁才是那个道德专家呢？克里同显然不是，苏格拉底亦不会承认自己是（他只会装样子认为自己无知），他梦中的白衣女子也不是，这里未涉及神明。雅典法律也不是，其为复数（nomoi），虽拟人，毕竟不是人（亦非神）。苏格拉底接下来不再谈论道德专家，只谈真理。无论如何，只能追随专家和真理，而不能听信大众的意见。

[2] 总结性地反驳克里同的基本理论。"苏格拉底愿意重新考虑他的意见，他不想在行动上有违克里同的意愿，正如他不想因他的越狱而有违雅典人的意愿一般。他希望使克里同的意愿和雅典人的意愿取得一致。"（施疏）

义、高贵、[a10] 善及其对立面的意见。

"不过,"有人会说,"大众的确有能力处死我们。"1

克 [48b] 这显而易见,有人会这样说,苏格拉底。你说得在理。

苏 但是,可敬的朋友,我倒认为我们已经详细讨论过的那个观点,仍然跟以前相同。你且来[b5] 考察这一点,我们是不是仍然认为,[必须做的]最重要的事情不是生活,而是美好生活。2

---

1 苏格拉底转向克里同的第二点,即大众有能力为大祸(44d)。大众也会谈到高贵、正义、善等等,却未必正确。大众固然有能力消灭哲人的肉体,却不能伤害哲人的精神,更何况好人不会受到任何伤害(《申辩》41c-d)。大众的力量确实不可小觑,反倒应该加以充分利用,这就是现代政治的成功经验。但是,苏格拉底不看重后果,只关注原则或道理(logos)。

2 苏格拉底以前多次与朋友们讨论大众与专家的问题,克里同必了然于胸。大众即便有强大的力量,也

克　当然还这么认为。

苏　美好生活本身就是高贵和正义的生活，1

不足以引导人们过上有德的生活。重要的不是活着，而是活得好（克里同关心前者，苏格拉底看重后者），这与《王制》的基本观点一致。苏格拉底不仅关心普通人应该如何生活，更重视哲人应该如何生活的问题。克里同认同苏格拉底这个基本观点，并采取了相应的行动，却与苏格拉底的价值世界相冲突，故而克里同越关心，越让苏格拉底为难（46b）。"见利思义，见危授命"（《论语·宪问》）方是成人的标志。克里同冒险搭救老友，是可贵之举，却未必正确。正义、正确、正当等概念内在一致，却不尽相同，颇为复杂。

1　美好生活不依赖于外在的力量，而在于精神的修养。这是苏格拉底一生最核心的问题，《克里同》以及柏拉图几乎所有著作通篇都围绕它来做文章，下文"雅典法律"的论证和修辞也是为了阐明古典政治哲学的这个基本道理。东西方古典思想都认可这个道理。"仁，人之安宅也；义，人之正路也。旷安宅而弗居，你是不是还这么认为?

克　[b10] 还这么认为。

苏　从已经同意的道理,我们必须考察这一点,我试图从这里出去,而 [48c] 雅典人并没有无罪释放我,这究竟正义,还是不正义。如果看起来正义,我们不妨一试;而如果不正义,咱们就算了。[1]

至于你所说的那些关于耗费钱财、意见名声和

舍正路而不由,哀哉!"(《孟子·离娄上》) 美好、高贵而正义的生活更为丰盈,却无疑更为艰难。

1　苏格拉底每每从双方同意的原则出发,逐步推进,仿佛真理本身在引导着论证过程。苏格拉底(以及下文的雅典法律)没有界定"正义",哲学定义不适合克里同,什么是正义对于克里同来说乃是不言自明的道理。定义并非万能,甚至并非必需。苏格拉底这里谈的是"政治正义",虽非高明的概念,却是最基本的一种正义观。雅典人即雅典政府,即便冤枉了苏格拉底,但作为权力机构,也需要得到尊重和承认。

养育孩子等方面的考虑，真正说来，克里同，恐怕都是那些大众的想法，他们草菅 [c5] 人命，也起死回生，只要他们能够办到，毫无理智可言。1

而我们，既然道理已证明如此，2 除了我们刚才所说的那一点外，根本就不应该另作他想，

1　克里同应该花钱救人、维护名声，苏格拉底应该养育孩子，这些虽是大众的想法，却是实实在在的事情——难道哲人就可以不考虑这些"俗务"？大众能够轻易让人死，随便让人活，虽无理智可言（即愚蠢），却是有案可稽的事实。"那些大众"意在强调，并与下一句的"我们"形成对照。

2　苏格拉底在大庭广众之下大谈怪力乱神（如精灵），在私密场合却只谈理性或道理。大众既然缺乏"理智"（nous），往往随意行事（44d10），也就不明白真正的"道理"（logos）。"理智"是一种认识能力，"道理"则是全面的思考和行动的能力，远比"理智"丰富和深刻，但在后世哲学中，逻各斯已然努斯化。苏格拉底所服膺的道理，既是逻辑结论，更是实践理性或

第三场 热爱智慧 57

如果在那些［48d］打算把我从这里捞出去的人身上花钱并且还对他们感恩戴德,那么,不管救人的还是被救的,[1] 我们这样做正义吗,抑或我们所做的这一切真正说来都是在行不义。如果我们劳神费力做的那些看起来不正义,恐怕就不应当计较若坚持不动［d5］静静等待是否必定送命,也不应当计较要遭受的其他任何苦难,而是要先

明智权衡的结果,属伦理范畴,甚至等同于雅典法律即"神法",乃是苏格拉底的"信仰"。

1 "花钱"即行贿,"救人的"指前来搭救苏格拉底的那帮朋友,"被救的"则指苏格拉底。要在越狱后让苏格拉底和朋友们都免于麻烦,需要花钱打点各级关系,即便其目的是高尚的,这种手段也已经背离了正义。苏格拉底更不能忍受的是,还要感激那帮坏人即受贿者。苏格拉底想感恩戴德的是祖先、父母、祖国及其法律(51a-b),近乎中国古代价值体系中的"天地君亲师"。

考虑是否行了不义。1

克　我觉得你说得好极了，苏格拉底，你看我们应该做什么？

苏　我的好人，我们就来共同考察，而且在我说话的时候，如果你有什么反对［48e］意见，就请反驳，我会听你的；但如果没有，好福气的人，那现在就请停止向我翻来覆去地说那句同样的话，居然应该在雅典人不情愿的情况下让我从这里离开云云——因为我很看重说服你做这

1　待在狱中，无论生死，都不值得考虑，其他东西更不在话下，它们都只是结果，而正义与否才是最根本的原则。苏格拉底不是"待在"狱中等死，而是坚守立场以成就自己，以此"重获新生"。舍生取义，方为正道。违背正义原则，是为自暴自弃（孟子），才是真正的取死之道——生死主要不在肉体。唯义是从，无适无莫，"义之与比"（《论语·里仁》），"正其谊不谋其利，明其道不计其功"（董仲舒）。作为对立面的克里同亦非"唯利是图"，这便是复杂的现实。

第三场　热爱智慧

些，而［e5］不是让你不情愿地［做这些］。[1]你看看，这个考察的开头是否说得让你［49a］满意，请试着以可能最出色的方式来回答我问的话。

克　好吧，我试一试。

---

[1] "好人"和"好福气的人"，急切中略带责备。辩证法包含反驳或诘难，苏格拉底鼓励克里同跟他作对，带领克里同进入思想交锋中，以获得道理。

苏格拉底从善如流，前提是劝告他的人有理。苏格拉底以理服人，正如他自己以理服从城邦。他不愿勉强克里同，正如城邦不能勉强他。这不是"自由意愿"的肇端，而是"心同此理"的结果。苏格拉底不仅重理，亦重情，不愿意违背对方的意志，对朋友和城邦尤有感激之情。但在论证中似乎看不到情，只有道理，他化情入理，甚至以理为情。所谓"翻来覆去"，说明克里同已经多次劝过苏格拉底逃跑。

正义金规则

苏　我们应该说任何情况下都不能故意行不义,还是说[a5]有的情况下可以行不义,而有的则不能?还是说行不义绝对既不好也不美,正如我们在过去的日子里多次同意过的?1 难道[以前说的那些]我们以前都同意的,在这短短几天内全部都已抛弃掉了?这么久以来,克里同,我们是不是未曾注意到,[a10]我们这种年纪的[老]人在相互严肃对[49b]话时,竟然丝毫不

1　苏格拉底认为人们不可能故意作恶(《申辩》25d 和 37a),那是无知的产物,因为德性即知识。任何情况下都不能行不义,乃是苏格拉底式伦理的金规则。但如果不考虑语境或具体情况,就显得过于抽象和武断。惩罚罪犯不等于行不义,在合理范围内使用暴力手段来维护自己的权益,也不能被视为不义。

第三场　热爱智慧

比孩童高明？1 或者毋宁说，我们仍然还坚持那时所说的话，不管大众承认不承认，也不管我们必须遭受比这些更严酷还是更温和的惩罚，行不义在任何情况下［b5］对于行不义的人来说，都同样既坏又丑？2 我们可否这样说？

1　前有定论，则不能出尔反尔，也不能因为这几天发生的生死大事就将其抛诸脑后，因为道理高于生命。年纪或孩童云云，呼应上文（43c、46c5），确保克里同不会反对。老者知人论世，坚持原则，孩童心性善变，随心所欲。不能连孩子都不如。

2　苏格拉底再次提到了克里同的论点，即大众的意见和能力。哪怕遭受了不义，也不应该还以颜色，因为报复也是在行不义。苏格拉底在《王制》第一卷详细谈到了这个道理：即便被伤害了，也不能损伤对方，即便对方是敌人，因为这会更加损害坏人的人品（335b-c）！道理与大众的承认与否无关，也与我们的境遇无关，不能因自己受到死刑的威胁，就否认这个道理。但现代政治学恰恰就建立在大众的"承认"之上，据说

克　我们是这样说的。

苏　因而绝对不应该行不义。

克　当然不应该。

苏　[b10] 因此，不要像大众所认为的那样，对行不义者反行不义，既然绝对不应该行不义。

克　[49c] 显然不应该。

苏　这又如何呢？应该做坏事，克里同啊，还是不应该？

克　当然不应该，苏格拉底。

苏　怎么讲？像 [c5] 众人所说的，如果遭到了伤害，就要反过来报复，这正义还是不正义？

克　绝对不正义。

苏　因此，无论在任何地方对人做坏事，都与行不义没有任何区别。1

一切现实活动都是为获得承认而斗争。

1　这里交替出现的"行不义"与"反行不义"、"施恶"与"反过来施恶"（即报复）、"作恶"，都有共同的词干，即 kakos [坏]。一般认为，因自卫或抵抗

克　你说得在理。

苏　[c10] 那么，既不应当反行不义，也不应当对任何人干坏事，不管受到他人怎样的伤害。1 你看，[49d] 克里同，你在逐渐同意这些

侵略而使用武力甚至杀人，不仅不是不义，反而是最大的正义。但在更高的境界里，"恕"或"爱"才是正道。此乃孔子一以贯之和终生教导的原则，它的内涵不是逆来顺受，而是"己所不欲，勿施于人"（《论语·卫灵公》），这就是全球伦理的金规则。

"反过来施恶"（antikakourgein，即"报复"）一词是柏拉图的创制，几乎不见于其他作家，但"施恶"（kakourgein），即"干坏事"，在希腊语中却很常见。在苏格拉底看来，行不义与报复即相互伤害。克里同不知不觉被套进了抽象的哲学原则中。

1　总结正义金规则。这不是现实的或政治的要求，而是圣人境界。否则，公羊家的"大复仇"就成了不义之举了。城邦以暴力手段制裁作恶者，难道就成为极端不义的了吗？（施疏）

道理时,可不要违心地同意哟——我清楚得很,只有某些少数人这么认为以及会这么认为。有的人这样认为,而有的人不,他们之间没有共同的看法,反而必然在审视[d5]对方的定论时互相轻贱。1

扶友为义,损敌亦然,此乃普遍接受的政治德性。容忍敌人施恶,既是对恶的放纵,也是自己懦弱的表现。施恶需要看对象,不能一概而论,否则空洞。

苏格拉底一味讲博爱和饶恕,似乎超过了基督教的道德要求。其中或有深意,即"恕",朱子曰"恕如春"。但从克里同的角度来看,既然不应该对任何人作恶,苏格拉底就不能抛妻别子(而必须越狱)——难道他执意赴死不是对孤苦无依者作恶?

1 苏格拉底一步步引导克里同逐渐同意他的论证,貌似没有违背克里同的意愿,但最终的结论却与克里同一开始的看法完全相反,这就是苏格拉底善辩(甚至偶尔诡辩)的结果,说明克里同刚才的回答多有违心之论。

你好好考虑一下，你究竟是不是跟我有共同的想法，并且一起认为，我们应该从这里决议的原则出发，任何时候都不要把行不义、反行不义以及遭受祸害者以怨报怨来保护自己视为正确的事。1 你难道会不在此列，不共同把它视为出

苏格拉底深知曲高和寡，不仅文人相轻，哲人与大众也会互相嘲笑甚至敌对。但是，只有少数人（即哲人）相信的道理能够大行于世吗？没有共同信念的人如何能够生活在一起，即城邦如何可能，城邦需要完全相同的观点，还是求同存异？

古人认为，多数人与少数人的区分和对立状况无法改变，"上智与下愚不移"（《论语·阳货》）。苏格拉底懂得这种对立，却仍然积极完成自己热爱智慧的使命，毫不绝望。

1 苏格拉底并不是在论证自己的观点，而是不断重复自己的看法（最多是两人商定的原则），并通过逐渐加强的修辞来引克里同入彀。

苏格拉底是否认可"报复"，学者莫衷一是。苏格

发点?

[49e] 至于我嘛，以前就这么认为，并且现在仍然这么想，但如果你有什么别的高见，请说出来指教指教。如果你还坚持以前那些原则，就请听由此而来的推论。1

拉底若认可自保，也就认可了施暴和动武。但是苏格拉底坚持以"义"为底线，认为不能还以不义，即不能错误地或过度地使用自己的权利，包括反制权、追偿权和惩罚权。苏格拉底并不否认惩罚或施暴的意义，只是主张不要"伤害"，更看重"恕"。否则，卫国战争和刑法就失去了意义，但苏格拉底借雅典法律之口承认战斗中要坚守阵地（51b），则必然要杀（敌）人。而且苏格拉底所维护的城邦法律，本来就包含惩罚（即作恶）之意，当然正义，即"禁民为非曰义"（《周易·系辞》下）。

1　苏格拉底往往从双方共同认可的道理出发，这是说服的起点。但这个起点必须经过严格论证，否则就只是情感的吁求，不过是要寻求意识形态的共谋或站

克　我当然还坚持，并且也同意。请讲吧。

苏　[e5] 我要再次讲由此而来的推论，更多是要问：假使有人同意某种原则是正义的，究竟应该付诸行动还是拿来骗人？

克　应该付诸行动。

[附释] 苏格拉底为什么如此"固执"，任凭克里同磨破嘴皮子也无动于衷，甚至不顾自己妻儿有可能孤苦无依？有学者认为，这是古希腊文学的一种常见手法，从《伊利亚特》到索福克勒斯的肃剧，都可以看到一个"固执的英雄"。这种理解显然太肤浅了，没有认识到柏拉图的用意

队。苏格拉底目前还只谈到了"起点"，即前提，或论证的第一原则，还没有谈到由此而来的推论。苏格拉底并没有证明这个共同认可的前提（即绝对不能行不义），而且接下来的话与其说是从前提而来的推论，不如说只是它的"运用"，同样没有论证。也许，雅典法律采取的不是逻辑论证，而是其他形式的论证。

是要树立一个圣贤般的楷模。

　　苏格拉底惯于"问",常以问代答:结论不一定很重要,致思本身才是最好的起点。苏格拉底重理论,克里同重行动。知而不行,就是谎言。苏格拉底接下来的推论,即不能对城邦行不义,亦为行事之理也。苏格拉底的"不行动"(即不越狱),本身就是行动,而且是正义的行动。

第四场 法律

[题解] 苏格拉底接下来假借"雅典法律"来教训自己,而不是亲自出面以第二人称形式来教训克里同:汝须……,汝勿……

苏格拉底从刚才"同意"的原则出发,已预示契约精神。克里同大概不会理解,虽然每个人都应该信守承诺,尤其应该信守自己与城邦签订的合约或承诺,但哲人服从城邦却与承诺或契约无关,而是天生的使命所系。只有对于较低劣共同体的忠诚才会来自契约,而在理想的城邦中,哲人更应该无条件忠于城邦,因为他更清楚自己的使命和职责,更明白"仁义礼智,非由外铄我也,我固有之也,弗思耳矣"(《孟子·告子上》)。哲人应该是公民的楷模,当然应该以更高的标准要求自己——这与现代思想中颇具反叛精神的哲人形象大异其趣。

在雅典法律的高明讲辞中，克里同似乎只有被动接受的份儿，毫无还手之力。但情况也许并非如此简单，实际上，克里同此前所关心的问题，在这部分得到了充分的讨论，从某种程度上说，克里同的劝说经过雅典法律的改进和升华而得以"重生"，走向了一种更高的、神圣的正义。

恩典与驯服

苏　那就请由此往下看。假如我们没有[50a]说服城邦同意就从这里离开，我们是不是就对那些最不应该伤害的人做了坏事？1 我们是

1　苏格拉底层层推进，始于哲学论辩，即逻辑的铺垫和理学的建极，继而上升到政治哲学的层面。苏格拉底以"城邦"代替了前面的"雅典人"。城邦是一个暴力机器，却不是公民的敌人（尽管它由大众所构成），而是可以通过说服或申诉来维权的。苏格拉底已

不是还要坚持自己同意为正义的原则？

克　我没法回答你问的话，苏格拉底，[a5]因为我不明白[你的意思]。1

然被城邦这个权力机构关押并判处死刑，若未说服城邦洗脱自己的罪名而逃走，就是对公权力的极大伤害，即行了不义。"说服"在接下来的论证中具有关键的作用。苏格拉底与克里同此前多次谈到的"同意"虽为个体之间的观念交流，却为个体与城邦之间的"同意"打下了基础：既然同意任何情况下都不能行不义，那么破坏个体与城邦之间的契约，就违反了双方认可的金规则。谁都不应该被伤害，城邦及其法律尤其如此，这里就已经预设了存在的等级。两害相权取其轻，那么为了城邦，就可以牺牲朋友和家庭？

1　典型的苏格拉底式辩证法，苏格拉底给对手抛出了一些看似明白无误的话，最终却会让对手感到疑惑，甚至怀疑自己一开始的看法。克里同深知苏格拉底的惯用"伎俩"，颇有些提防，而不是说他真的不理解苏格拉底的正义原则（因为这是他们刚才协商达成的结

苏　那你就这样考虑。如果我们从这里逃跑——无论应该把这种行为叫做什么，这时法律和城邦共同体走过来站在面前，[1] 问道："告诉我，苏格拉底，你脑子里打算干什么？你做的这件 [50b] 事情，除了成心试图尽你所能彻底毁

论）。克里同表面上不理解苏格拉底重提定论的"意图"，实际却很清楚自己接下来会被苏格拉底驳得体无完肤，对这样的境遇已习以为常。

1　"逃跑"这个词主要用于逃奴、逃犯、逃兵，比克里同所说的"离开""出去"更为直接。逃跑即临阵脱逃，懦弱而可耻。苏格拉底为了不冷酷地说教，维护老友的面子，避免尴尬，借用法律和城邦共同体来说话，为苏格拉底代言——苏格拉底同样以绝妙的修辞来回应老友的劝说。法律和城邦共同体高于个人，但两者的关系没有得到说明，城邦由人构成，法律则超出个人之上（施疏），因而更值得尊重。城邦具有法人人格，它站在面前，有如精灵，监督和教训着苏格拉底（和克里同）。

灭我们的法律以及整个城邦而外，还能是别的什么？你是否认为那个城邦还能够继续存在而不是已被推翻，假如在这个城邦中，已生效的判决没有丝毫力量，反倒被私人弄得［b5］不再有效而遭毁灭？"[1]

克里同，对于这个问题以及诸如此类的其他问题，我们该怎么说？有人对此还有很多要说的呢，

---

[1] 城邦共同体与法律居高临下训斥苏格拉底，符合高低尊卑之序（48a, 50e）。苏格拉底一人一次犯法，不足以毁灭法律和城邦，但人人仿效，则国将不存矣——苏格拉底践行着康德式的绝对命令。苏格拉底的无心之举，也会演变成刻意作恶。城邦法律如果得不到遵奉，形同虚设，则如大船必然倾覆。城邦由众多私人构成，却与私人对举，既是一与多的悖论，也是现实。私人之间的出尔反尔已然不义，破坏城邦与私人订立的法律契约，则更为不义，因为法律乃是城邦的存在根基。

尤其是法律辩护人,[1] 他会代表这条被彻底毁灭的法律说:"法律规定,已判定的判决必须生效。"

[50c] 或者我们对他说:"城邦对我们行了不义,因为它没有正确地判决。"我们就这样说,还是怎么说?

克　宙斯在上,就要这样说,苏格拉底。[2]

---

[1]　法律辩护人,即公共演说家(rhetor),为他人提议要废黜的法律辩护。判决一下,即具权威,至高无上,不得无视,这是"基本法"。克里同的提议违背了甚至将毁灭这一条,故苏格拉底拟为之辩护,苏格拉底即城邦和法律的辩护人。城邦涵盖个人,则苏格拉底的辩护既为公,也为私,同时也就保护了克里同等私人的利益。

[2]　苏格拉底深知克里同所想。克里同认为城邦有错在先,冤枉了苏格拉底,便打算以私人行动来纠正城邦的不义,他认为这不仅不是恶行,反倒有益于城邦(施疏)。这似乎与雅典法律所主张的"劝说"(或谏诤)一致,但出发点、方法、程度、后果和目标都迥

第四场　法律

苏　如果法律这样说，又当如何："苏格拉底，[c5] 我们与你以前同意过 [你] 那个说法，是不是要遵守城邦判定的判决？"[1]

异。克里同对城邦判苏格拉底死刑一直耿耿于怀，而当事人早已放下了。

城邦所有的决定都需要遵守吗，包括不正确或不义的判决？恶法还能是法吗？公民不服从的限度在哪里？克里同实际上已经把城邦当成了被告，他认为城邦行了不义，犯了罪。不服从究竟是公民应有的权利，还是忤逆狂悖之行？"权利观念取代政治常识"（刘疏），就合理吗？

1　说话者变成了"法律"。法律是城邦的脊梁，代表城邦。法律并没有回答是否因城邦错误判决苏格拉底，后者就可以不遵守，而是反问对方是否以前同意过，要遵守城邦的判决。城邦似乎并未同意"你"的说法，即如果城邦不公，你就可以控告它不义。城邦只认可"我们"之间仅仅同意的是（你）要遵守法律判决，颇为强势。雅典人的成人礼就包括宣誓效忠祖国，遵守法律判决。法律接下来没有给苏格拉底回答的机假如我们对它们所说的话感到惊讶，它们也许还会说："苏格拉底，你不要对所说的这些事情感到惊讶，而是要回答，既然你惯于使用问答的方法。说吧，你对 [50d] 我们和城邦有什么好控告的，竟至于试图彻底毁掉我们？[1]

"首先，难道不是我们生了你，也就是你父亲

会，转而一般性地探讨守法的必要性。

1　重复此前的命题：不遵法律则毁城邦。城邦似未同意任何公民的反抗，也料到了苏格拉底会为此惊讶：同意遵守城邦的判决，是否等于同意遵守城邦的所有判决？尊重城邦，是否等于无条件服从城邦，甚至尊重其不义之举？是否可以有条件地质疑城邦和法律至高无上的权威？城邦及其决议的正义性是否可以讨论？当然可以（51c）。苏格拉底自知其辩证法的特点或优势在于"问"，而不是"答"，以攻代守，不正面回答问题。法律在此处亦用此法，连带着城邦质问苏格拉底，如奥德修斯死死抓住善变的普罗透斯，不准其变形，逼迫其回答问题。

通过我们才娶了你母亲并生下你？你倒说说，对于我们这些关于婚姻的法律，你指责什么，［d5］有哪点不好？"[1]

"没有什么好指责的。"我会说。

"或者还要指责我们那些关于出生者的抚养和教育的法律，而你本人也是受那些法律教养出来的？还是说我们这些规定了这一条养育法律的不曾很好地预先规定，也就是规劝你父亲在［50e］文教和体育方面教育你吗？"[2]

---

[1] 法律虽未直接生了苏格拉底，却通过婚姻法而让苏格拉底成为合法的公民，苏格拉底才能享有各种权利，成为真正的政治人，恩同再造，仿佛亲生。法律认为，苏格拉底稍有良知，也不会指责生养者。但法律并没有剥夺苏格拉底反驳的权利，只是一般性地谈论生养之情。

[2] 其次，城邦还通过专门的法律抚养和教育了苏格拉底，照料身体，并塑造灵魂；体育和文教亦然，身心合一，方能为人，两者皆受益于城邦法律。这是公民

"很好地预先规定了。"我会说。

"那好。既然你生下来了,被养大成人,受到教育,你竟然能够首先说你本人以及你的祖先就不是我们的子孙和奴隶?[1] 若果真 [e5] 那样,

---

教育的内容,而哲人的教育则要求更高。雅典法律规定了城邦对公民的抚养和教育方式,但苏格拉底往往批评城邦的抚养和教育方式。即便法律没有规定父母必须妥善地抚养和教育孩子,"自然法"也有此规矩。政府之责至少在于"劝",劝农、劝教、劝学、劝善、劝民、劝止、劝化等等。

[1] 今人或许对此深感不适,但这在当时是普遍的看法:像奴隶服从主人那样服从高尚者,比如神明、圣贤和灵魂,才是正道或正义。这里并举"子孙"和"奴隶",说明后者或许并非我们现在所理解的内涵,而是说:以法为主人,限制个人(尤其统治者)的权利,重视城邦甚于个体。即便经过黑格尔主奴辩证法的洗礼,实现价值"起义",以达到对高贵的贬抑或拉平的效果,现代人也未必就成了自己的主人,这些理论本身就证明了价值有高低。

难道你会认为,你与我们在正义上就平等,因而无论我们试图对你做任何事情,你都可以反过来做同样的事情,并视之为正当之举?还是说你跟你的父亲和主人——如果你碰巧有主人的话——在正义上不平等,不能把你所遭受到的报复回去,既不能因为听[51a]到不受用的话就顶嘴反驳,更不能因为挨了打就还手反击,也不能做诸如此类其他很多忤逆之事。[1] 然而,对于祖国和法律,

---

[1] "正义"亦作"权利"。人人生而平等,却并非处处相同,必有高下之别(48a),如主奴、父子、家国,是为伦常和秩序。古人也讲平等,却不是绝对数值上的相同,而是比例上的平等。今人所谓平等,因无差别而抽象,实则不平等。父子之间的不平等本乎自然,物各有位,人自有等。长幼有序,尊卑有别,各有其称,方为礼序,否则天下大乱。父师在上,明理知世,在教育时有惩戒权。尊重长辈,是为正道,否则顶嘴还手,则为忤逆,必遭严惩。不过,城邦并未剥夺个人的所有权利,个人也享有极大的自由,如劝说和移民等等

你难道就能够把你所遭受到的报复回去,以至于如果我们打算彻底毁掉你,而我们认为这是公正的,你竟然就会竭尽全力反过来试图彻底毁灭我们这些法律以及[a5]祖国,你还会说对我们这样做是行正义之举?你这位真正关心德性的人啊!1

(51e),但就是不能以牙还牙。恰当使用权利,得体适宜而为义,否则就是不义。

1　既然被父亲打骂了都不能还手顶嘴——那是悖逆无行,那么,报复城邦更是滔天大罪。雅典法律把城邦和法律与公民的关系比作父子,就不是基于同意或契约,而是出于血缘,但接下来(51e)也以契约论之。城邦判苏格拉底死刑,从实在法的角度来说没有丝毫瑕疵,乃是公正的,而且法律给了苏格拉底很多机会(52c),苏格拉底就没有权利反过来不义地报复。

雅典法律以"关心德性的人"来称呼苏格拉底,实为讽刺,这一讽刺呼应了克里同之前的嘲讽(45d)。苏格拉底真正关心德性,更不能破誓而毁国。接下来,苏格拉底编织的法律的发言主要以父子而非主奴身份来

"难道说你那样聪明，竟然没有注意到，与你的母亲、父亲和其他所有祖先相比，祖国更受尊重、更庄严肃穆、更神圣纯洁，[51b] 甚至在神明和有理智的凡人那里都受到了更大的尊敬；1 你必须敬畏、顺从和抚慰盛怒之下的祖国远胜于

讨论城邦与个人的关系。

1　苏格拉底的"聪明"众所周知，这个词略带贬义。法律不相信苏格拉底不知道祖国高于父母和祖先等个体，这是欲抑先扬。城邦高于个人，因为整体大于部分（《政治学》1253a）。雅典法律以崇高而诗意的语言表达了古代公认的原则：祖国最值得敬重、最有尊严、最神圣，连神明都如此认为，有识之士自不必说。苏格拉底放弃了自己作为父亲的责任，就是为了对更大的父亲即祖国负责。在希腊语中，父亲与祖国是同一个词。

　　苏格拉底敬重祖国，却并非愚忠，亦多有批评，甚至反抗。借用《礼记·乐记》所谓"情深而文明"，苏格拉底有深情和大爱。

你的父亲，[1] 要么说服祖国，要么执行祖国之所命；你必须 [b5] 安然承受祖国下令让你承受的东西，无论是鞭打还是监禁；哪怕祖国率领你参加会让人受伤甚或送命的战斗，你也必须去，因为这样做就是正义之举，你绝不应退让，也不该撤退，更不能放弃阵地。[2] 相反，在战斗中、在

---

1 子女欠负父母太多，敬畏、顺从和抚慰亦只能报恩于万一，而对祖国则更应如此。敬重、顺服和承欢三位一体，令现代人不快，也与苏格拉底的法庭演说相悖（《申辩》34d-35b），但在古代却不成问题："虔敬"的世俗表现即为"孝"（filialpiety），父母乃是"活菩萨"（《法义》931a）。"恪慎克孝，肃恭神人"（《尚书·周书·微子之命》），否则必遭天谴（《法义》717d）。故顺亲即顺天，法道而和谐，方才是美好生活。

2 敬顺并非绝对剥夺了子女的反抗权。本篇对话多次出现"说服"，因而具有劝勉性质。苏格拉底与克里同相互劝谏，是为诤友。个体不仅有服从城邦的义务，更有谏诤的权利。谏者，正也，即正义也，并非悖

法庭上以及在任何其他地方,你都应该做[51c]城邦和祖国所命令的事情,或者应该以那自然就是正义的东西来劝说祖国——对母亲和父亲动粗使暴已不虔敬,对祖国动粗使暴岂不是远甚于此?"[1]

逆,而是能保家邦之举。子告父罪,不合常理,亦非绝对(《法义》929e),甚有大义灭亲者,即荀子"从道不从君,从义不从父"。

遵奉城邦的命令,不辞艰险,不计生死,为邦分忧,坚守岗位,并不是自我奴化,反而是自我成就的正道。城邦之所命凡为正当者,皆必须无条件服从。这在原子式个人主义的时代已然难以理解,会被视作奴性。苏格拉底坚守岗位(《申辩》28e),以死相谏,死守善道,在谏和顺这两个方面都堪称典范。

1 法律声称,任何情况下都必须执行城邦的命令,是为正义,进一步以修辞而非逻辑的方式强调个体与城邦之间的不平等(但苏格拉底却为了热爱智慧而拒不遵守城邦的要求,《申辩》29c-d)。苏格拉底并非为压迫和盲从辩护,而是强调公民或子女的责任也包括克里同啊，我们对此该怎么说？法律说得在不在理？

克　[c5] 我觉得在理。

契约与权利

苏　法律同样还会说："苏格拉底，你再考虑，如果我们所说的这些都在理，那么，你现在打算对我们所做的就不正义了。我们可是生下你，

劝谏，毕竟父母和城邦都有失去理智的时候，这时欺骗和用强都是合理的（施疏）。劝谏的依据和手段都是"自然正当"，远高于后世的"自然法"。一般而言，善待父母，是担任公职的前提。老子打儿子，未必都对，儿子打老子（常见于民主时代，《王制》574b），罪不可恕（《法义》879c-d），大逆而不道矣。孝悌则不犯上作乱，孝为仁之本，亦为礼之魂。家国一体，其理相通。礼的本质即"敬"，虔敬即孝。忤逆即背叛，罪同渎神。儿子不能肆虐父母，反之亦然，城邦也不能肆虐公民（《法义》885a）。

养大你，教育你，尽我们所能 [51d] 给予你以及其他所有邦民一切美好的东西。[1] 尽管如此，我们还公开宣布曾赋予雅典人中那种有此愿望的人以这样的权力：一旦通过成人审查，并且已熟悉城邦事务，也已了解我们法律，如果我们不能

1　法律重提其生养之恩，打感情牌，甚至可以说是情感绑架：受恩者无权反抗。如果因法律给予了恩赐而回报以顺从，那么这不过是一种交换，与克里同的贿赂无异。

不过，子女欠负父母太多，确是事实：动物都为孩子舍生忘死（《会饮》207b），人不报恩则禽兽不如矣。顺从并奉养父母，实际上不只是回报，而是天命的召唤，高尚之举（《尼各马可伦理学》1165a）。父母的生养既出于理智或计算，也是情欲之果，终究是情感和爱的表现。同样，子女就不只是在物质上回报父母。无违，色难，不是一般的"养"，不敬则与畜生无异（《论语·为政》），"体莫贵于心，故养莫重于义"（董仲舒语）。爱高于责，敬甚于畏，情重于理。

让他满意,他就可以拿上[d5]自己的东西离开,去往任何想去的地方。[1] 而且我们法律中没有哪一个会阻碍,也没有谁禁止,如果有人想离开我们去往殖民地——假使我们和城邦不能让他满意的话,如果有人想移民到他愿意去的其他任

---

[1] 雅典法律并不是情感洗脑和精神控制,而是实实在在赋予子民以足够的权力,不仅可以劝说祖国,还能移民离开祖国。古人并不看重权利,古代思想以义务为中心。而雅典法律正式而庄严地允许邦民自由迁徙,这就是"人权"的表现。这里还没有谈到契约,只是城邦单方面的授权。至少雅典认可了公民的自然权利,从未与民为敌,刻意把苏格拉底往死里整。

一旦通过成人审查,公民即享有完全的民事权;理智成熟,与闻政治,了解法律,有准确的判断力,则可以决定自己的去留。当然,在生存条件较差的时代,这样的自由具有多大实效,还是一个问题。所谓"满意",表明城邦在讨好公民,这种说法太过稀奇。民主制城邦往往拼命讨好大众。

何地方，就拿上自己的东西，去他［51e］想去的那个地方好了。[1]

"但那种看到我们司执正义和不同的治理城邦

---

[1] 先说可以去任何地方，又说可去殖民地，接下来又说"愿意去的其他任何地方"（即雅典势力范围之外），不知是否反映了雅典法律的犹疑。"殖民地"字面意思是遥远的家，终归背井离乡，远不如近代那么让人向往，难免让人想起流放。虽无监禁，更不没收家产，却终归有如惩罚。去国怀乡，总是惆怅，更不用说处处艰难，步步小心。即便吃喝不愁，但无事可成，又有什么可取呢（53e）？当然，准许拿上自己的东西走，说明城邦还尊重公民的财产权。

从另外的角度来看，"事父母几谏。见志不从，又敬不违，劳而不怨"（《论语·里仁》），当为常道；号泣随之，太过迂实；谏而不听则易其位，太暴烈；反复谏而不听则去（《孟子·万章下》），或"三谏而不听，则逃之"（《礼记·曲礼下》），更为合理，亦合于雅典法律之言。

的方式仍然留下来跟我们在一起的人,我们要说,此人已经以行动向我们同意了我们命令他去做的这一切。1 如果不服从,我们说,他就行了 [e5] 三重不义:2 不把我们当成生身父母来服从;不

1　此处再谈"同意",从契约的角度论证,而此前的成人审查其实已经体现了契约。雅典法律看似平等地对待苏格拉底,其实过于强势,咄咄逼人。公民在出生之时即与城邦签订了契约,成人审查和公民登记更是实实在在的合同。

"行动"的证明力不亚于言辞或合同,苏格拉底选择留在雅典在司法上可称为事实认同,以今人俗语所谓"用脚投票"赞了城邦的司法和政治制度,同意服从城邦的命令。但仅因一个人选择留在城邦,而没有移民,就认为他认同城邦的一切,则有些强词夺理。雅典法律接下来强化了这个论证。

2　雅典法律的论证核心,重复了法律作为生身父母、养育者和(合约)当事人的三重身份,逐渐从自然上升到社会和政治,力量愈强。生育之恩,抚养之

服从［我们这些］抚育者；虽然向我们同意了要服从我们，却既不服从我们，也不说服我们，假如我们有什么做得不好，［52a］尽管我们提供了选择，并没有野蛮地强制他去做我们所命令的事情，1 而是允许他二者选一，要么说服我们，要

德，都要求苏格拉底服从，否则他就是不义。即便不考虑亲情，也要服从法理：既然已经同意服从，就不能破坏合约。生养让苏格拉底成为公民，法律规范则让他真正成长为人，与法律达成一致。"前者使他成为法律的奴隶，后者则是自由人的行为。无条件服从法律植根于强制和同意的合作。"（施疏）

1 "法律是开明的，它们不是以一种粗野的、专制的方式在下命令，而是愿意倾听和被说服。"（施疏）但是，"遵守法律的义务并不受限于劝导法律的权利"（施疏）。苏格拉底有权利劝说和辩护，却丝毫不影响他更有服从的义务，后者更重要。

城邦给了公民选择权，并非专制和压迫，但升斗小民与城邦在权力上严重不平等，这种开明政策具有多大

么［按我们说的］做，他却两样都不做。我们说，苏格拉底，你也要遭到这些罪名的指控，假如你真的实施了你打的鬼主意，［a5］那么你丝毫不亚于其他雅典人，反倒最容易受这些指控。"1

的实用性，也不能不是一个问题：这正是现代政治学的主攻方向。不过，城邦并未搞一言堂，也知道自己有可能做得不好（甚至错误），需要集思广益。法律制定出来以后，尚有修改的余地，会公开征求意见，至少在形式上已算得合理合法了。城邦并不强横霸道地逼迫公民，但法律一旦为大家所认可，就具有强制性：城邦和法律本来就是强力机构。要维护共同体的完整与活力，似乎就容不得过多的温文尔雅和似水柔情。法不容情，并非冷酷无情，而是不外于人情，终归利乐有情。借用佛家术语，法亦三宝之一。

    1 说服与服从之外有第三种可能，那就是"走"，但在城邦内部，只能就前两者作出选择。雅典法律不是僭主，也不是任人践踏的一纸空文，它需要得到特别的尊重和执行，否则天下大乱，如《商君书·开如果我问为什么，它们同样会公正地责备我，说在雅典人中，我恰巧已同他们签订了那样最易受指控的协议。[1]

塞》之言："有法不胜其乱，与无法同。"

城邦保护自由，却不能容忍无法无天的绝对自由。人需要生活在共同体和法律之中，否则非神即兽。法近于神，故法治近于神治。法治并非绝对完美，却是治国利民的重器，不可不严。

苏格拉底身份特殊，尤其不应该破坏法律，违背承诺，否则比所有其他雅典人都更容易受到指控。尽管越狱这个鬼主意并不是苏格拉底的手笔，而是克里同的杰作，但苏格拉底是当事人，更是一位素以德性自居的名人。苏格拉底越狱未必是克里同教唆的后果，却必定是他本人不可推卸的罪责。

[1] 苏格拉底并非不知道自己为何最容易受指控，故意反问，以引出雅典法律"公正"的数落。如果法律公正，则苏格拉底就不义了，反之亦然（色诺芬《申辩》28）。苏格拉底并未与城邦签订什么实际的协

它们会说：[52b]"苏格拉底，我们有非常强有力的证据表明，我们让你满意，城邦也让你满意，否则你此前也不会与其他所有雅典人相比异乎寻常地待在城邦里的家中，1 如果城邦不曾异乎寻常地让你满意的话。而且你从来不走出[b5]城邦，哪怕是去看赛会，除了去过一次伊

议，但公民与城邦的契约关系天然就在，何况他是以行动表明了自己的"同意"（52d）。签了合约，才能享受城邦给予的好东西（51d1）。

1 "我们"，即法律，已与城邦合为一体。苏格拉底比其他雅典人更"宅"（与52b6等处的"离家"相反），并不表明他满意城邦及其法律。苏格拉底的异乎寻常与城邦的异乎寻常之间没有必然联系，这只是雅典法律一厢情愿的推测。苏格拉底是否满意，还需要实证。相反，我们倒是有铁证说明苏格拉底对城邦极为不满。他待在城邦中，是为了像牛虻一样刺激它（《申辩》31e），也多次违抗城邦错误的指令。臣忠多因君昏，死谏总为不满（51e）。

斯忒摩斯地峡之外；你也未曾因为别的事情去过任何地方，[1] 除了当兵打仗之地而外；[2] 你也从

1　希腊人喜欢参加各种赛会和宗教节日，主要有奥林匹亚赛会、涅媚赛会、伊斯忒摩斯赛会和皮提亚赛会。全希腊的大人物都可能到场，是很好的社交平台。苏格拉底几乎不离开城邦去参加这些活动，的确异乎寻常，但这能说明他对雅典无比满意吗？这个"铁证"不够"铁"，几乎不能说明任何问题。热爱智慧就是纯粹的"静观"（theoria），难道苏格拉底是因醉心于热爱智慧而无意于尘世的热闹？是否对城邦满意与此无关。苏格拉底没有因为别的事情去过其他任何地方，可能是因为苏格拉底献身于神，本来就没有私事，甚至不事家业。他的无事忙是为了雅典人的福祉，因公废私（《申辩》23b、36b-c）。哲人无私。

2　苏格拉底年轻时家道尚可，能购买甲胄，当重装步兵，三次离开雅典，去波提岱亚、安斐波利斯和德利昂，为城邦作战（《申辩》28e）。这里也在暗中呼应51b所说的在战斗中听从号令，冒死坚守阵地。苏格拉底

来没有像其他人那样曾背井离乡去异邦,你并不渴望去了解其他城邦,也不想精研其他法律。相反,我们[52c]以及我们的城邦对你来说,就已足矣——所以,你坚定选择并同意按照我们的要求当一个公民。尤有甚者,你在该城邦中还生了一大堆孩子,似乎城邦让你很满意嘛。[1]

在战斗中英勇无畏,刚毅果敢,不惧死亡,当然不可能为克里同的言辞所动。

  1 苏格拉底对其他城邦和其他法律没有兴趣,这与当时流行的"出国考察"风尚完全相反。据说苏格拉底拒绝过马其顿和其他君王的邀请,不愿意去异邦定居。古希腊航海极为发达,地中海沿岸的文化交流颇为兴盛,文人喜欢周游列国,以了解各国风俗习惯和文明形态。传说中的奥德修斯,历史中的毕达哥拉斯、梭伦和柏拉图等人,都崇尚读万卷书行万里路、见多识广、增益智谋。

  即便雅典及其法律对苏格拉底来说是很合适的生存方式,让他感到满意,但对他的研究来说,一个样本难

"再者,你在那场审判中,本来可以提出流放之刑,如果你愿[c5]意的话,而你现在打算做的违背城邦意愿的事情,那时本可心甘情愿去做。你却往自己脸上贴金,说什么即便必死无疑也不嗔不恼,而是——如你所说——宁愿选择去死,也不愿意流放。[1]

道就够了吗?此外,苏格拉底不离开城邦,以及在城邦中生养子女,难道就说明他对城邦很满意,并明确表示同意在其治下当公民,无条件服从吗?这在逻辑上似乎犯了"推不出"的毛病,这种牵强附会或强词夺理具有很强的戏谑意味。法律一定要板着面孔说教?

[1] "本可心甘情愿去做"呼应了此前克里同就官司表达的怨言(45e)。审判时,控方会提出处罚建议,而辩方也可以提出相应的刑罚,只要合理,一般都会被控方接受。

苏格拉底在庭审时知道大家想以他被流放收场,他拒绝了流放,因为其他城邦也无法忍受他,他将不断被驱逐而处于辗转流亡之中(《申辩》37d)。现在偷偷溜

"但如今呢，你既不在那些话面前感到羞耻，也不转而敬重我们法律，反倒试图毁灭我们，你现在［52d］做的可是最卑贱的奴隶才会做的事情，试图违背条约和协议而逃走，但你以前可是向我们

―――――

走，不如当初主动提出流放，那反倒合理合法：早知今日，何必当初。现在—那时，情愿—不情愿，形成两组极富张力的对照（暗中还有合法—不合法，或正义—不义的对照）。

雅典法律没有谈到苏格拉底不愿意流放的真正原因，反倒将他不愿流放归结为个人面子心作祟：在法庭上说大话，自我吹嘘，把自己打扮得很崇高、很神圣，宁愿死去，也不愿意流放。实际上，苏格拉底是不愿意放弃哲思（即省察他人），因为这是神明的旨意。苏格拉底深知，要让同胞们相信自己神圣的使命，可谓难于登天。此处，苏格拉底不是反省，更非后悔，而是有意让雅典法律来代言人们的普遍看法：苏格拉底离奇的决定本质上不过是装模作样。

订约同意按照那些条约和协议当公民的哦。1

1　人前大言炎炎，私下卑劣无耻，则可谓无耻之尤。现在贪生怕死，就让以前的豪言壮语蒙羞。不仅如此，还破坏法律，毁灭城邦，罪不可恕。"敬重"即"知耻"，怀刑畏法，即敬畏神明，乃是君子之行。

这里所谓"奴隶"，不是政治上地位较低者，而是道德上卑劣无耻者，即古汉语所谓"小人"。苏格拉底逃跑不仅德行有亏，更触刑律，呼应了苏格拉底 50a-b 的观点，越狱就伤害了最不应该伤害的东西。苏格拉底与雅典法律的观点不尽相同，却在这里合流了。

"条约"字面意思是"共同制定"，即并非单方面的不平等合约，与"协议"相同，都是双方同意的结果。雅典法律乃至全书处处都在强调"同意"，而并非野蛮的强制（52a-e）。城邦与个体在权力和权利上虽不平等，但也要以协商为基础，充分尊重每个个体的自由意志（包括迁徙）。但是否存在弱势者为了活命而被迫签订"霸王条款"的情况？

"那么,你首先回答我们这样一个问题:我们说,你是以行动而不是以言辞同意了按照我们的要求[d5]当一个公民,究竟说得在理,还是不在理?"[1]

克里同,我们对此又该说什么?我们除了同意还能有别的什么回答吗?

克 必须同意,苏格拉底。

---

1 即便苏格拉底没有在言辞上同意城邦法律的条款当一个合格的公民,至少也以行动表明了自己的意愿。言语不如行动,事实胜于雄辩,光说不练假把式。"载之空言,不如见之于行事之深切著明也。"(《史记·太史公自序》)难道苏格拉底真没有跟城邦签订什么文字上的条约吗?成人登记应该算吧。"言"与"行"是古代思想最重要的一个对子,后来演变成"思"(contemplativa)与"行"(activa)的对立。柏拉图看重知行合一,亚里士多德更重视思辨,近代则转而注重行动。坐而论道与立而起行各有利弊,不能各执一端,必须兼综共进。

第四场　法律

苏　法律还会说："你无非就是在违背你跟[52e]我们签订的条约和协议,[1] 你以前同意时可不是出于被强迫,也不是由于被欺骗,更不是被逼迫在很短时间内做出的决定,而是有七十年之久哇。在这七十年间,你完全可以离开,如果我们不能让你满意,或者你认为[e5]那些协议不公正的话。[2] 然而,你既不愿意去拉刻岱蒙,

---

1　"条约"为复数,"协议"则时而单数,时而复数,也许是为了隐藏一种含混性:内容是什么,何时签订的等等。

2　条约如果是在强迫、欺骗或仓促中签订的,则可以申请撤销。但如果契约是跟城邦签订的,找谁申诉呢?城邦作为当事人(甚至是被告),还能公正地判案吗?所谓"七十年之久",显然有所夸张,苏格拉底只有在公民资格审查即成年后才能明智决断那些协议是否公正,青少年时期不可能有选择权以决定是否离开雅典。

但无论如何,城邦没有欺骗苏格拉底,则苏格拉底亦不能欺骗城邦。城邦没有逼迫苏格拉底,苏格拉底亦

又不愿意去克里特,你可是每次都说它们治理得很好;你既不去其他任何〔53a〕一个希腊城邦,也不去野蛮人的城邦,你反而比瘸子、盲人和其他残疾人都更少外出离开过她[1]——所以说,与

不能对城邦动粗(51c)。信近于义,甚至就是正义最根本的表现,背信则弃义矣。"公正的基础是信诚,亦即对承诺和契约的尊行和信守"(西塞罗《论义务》1.23),民事意义上的"信"也具有宗教意义,即"身致其诚信,诚信之谓尽,尽之谓敬,敬尽然后可以事神明"(《礼记·祭统》)。

1 拉刻岱蒙即斯巴达,长于武功而弱于文治。克里特是地中海的大岛,埃及文明北传的中转站,是雅典文明的滋养者,也是《法义》故事发生地。苏格拉底常把这两个地方说成治理楷模,却不无嘲讽意味。这两个城邦都是专制而封闭的社会,禁止公民离境,未必为苏格拉底所认同,但两个城邦的公民都严格服从城邦法律,为苏格拉底激赏。雅典人对这两个城邦的看法十分复杂,可谓爱恨交加。

其他雅典人相比，城邦让你异乎寻常地满意，我们这些法律也显然让你很满意，因为［a5］一个没有法律的城邦会让谁满意呢？难道你现在竟然不信守那已同意了的协议吗？是啊，苏格拉底，如果你服从我们，就不会因为离开这个城邦而变得荒唐可笑。[1]

　　苏格拉底认为斯巴达和克里特有良法和善治，就一定要去吗？这两个遥远的地方不会知道苏格拉底越狱的事情，就可以去吗？守法即正义，仅此就够了吗？

　　希腊城邦泛指大希腊地区的城邦，而不是雅典的殖民地。"蛮族"没有后世那种贬义，不完全等同于汉语的"蛮夷"，仅指语言不同的人群。瘸子、盲人等行动不便，很难离开城邦，但苏格拉底是健全人，却更少离开雅典，法律据此判定雅典及其法律让苏格拉底满意。但是，苏格拉底未离开雅典并不说明他对法律满意，也不能说明法律就是正义的，这才要紧。

　　1　"显然"并不那么显然，但没有法律的城邦当然不会让人满意。城邦与法律本为一体，不可分割，但

越狱的危害

"你好好考虑,违反了那些协议和犯这样一

爱城邦并不等于接受她的一切,包括可能有缺点的法律,爱屋及乌并不可取。雅典法律并非在论证和辩护,而是强调,更多的是狐假虎威,用爱邦情怀来绑架苏格拉底的理智,诱使或逼迫他认可雅典法律。让人满意的城邦不一定就有让人满意的法律。城邦至上,其具体法律则未必。苏格拉底未离开过雅典,可能有其他不得已的原因。

雅典法律自问自答,相信已说服了苏格拉底一定会遵守他与法律签订的协议,接下来从后果方面劝说甚至恐吓苏格拉底必须守约,可谓恩威并施,刚柔相济。苏格拉底服从法律,则有很多好处,私自逃跑,则会成为笑柄,还会有很多麻烦。

这里的论证不无瑕疵,亦非全无道理:城邦无法律,与人而无信相同,都没规矩。信即忠,故圣人主忠信,"忠,仁之实也。信,义之期也"(《郭店楚简·忠信之道》)。愚"忠"和迷"信"无疑背离中庸之旨,却无妨人世大道:忠诚信义——其为人之本欤!

些错误，将给你自己或［53b］你自己的挚友带来什么样的好处。你的那些挚友，他们自己将处于遭放逐、在城邦中失去公民权或者丧失财产的危险之中，几乎确然无疑。[1] 首先就你自己来说，

1　总论越狱的恶果，重复克里同轻描淡写的说法以及苏格拉底的担心（45e）。"好好考虑"，看似引导或劝说，实含威胁，也是实话实说。"违反"是不定过去时，"犯错"是现在分词，表明过去违反合约，则一直都是错误，持续存在，直到改正为止。"好处"云云，意在反讽：越狱对任何人都没有任何好处。雅典法律接下来本来打算从苏格拉底自己、他的挚友和他的孩子三个方面展示越狱的危害，借此吓阻，但最终只详细谈到对苏格拉底本人的害处，简单谈到了孩子们的"下场"，对挚友们可能遭受的危害则不再详细申说。或许雅典法律、苏格拉底和克里同都清楚，那些挚友一定会受到牵连甚至株连，故而略去不谈。这里的一句话就够说明问题了：苏格拉底的越狱就算勉强等同于流亡，其结果也不妙，而朋友们"也"必定遭受同样的结局。这

如果你去了某些最近的城邦，要么去忒拜，要么去麦伽拉——［b5］两者都治理得很好，那么，苏格拉底，对于他们的政体来说，你是作为敌人而到来，那些心忧自己城邦的人，要对你侧目而视，把你视为法律的破坏者，1 而且你还会证实法

才是确然无疑的（比较 53a4）。"被剥夺公民权"字面意思是"失去城邦"，标准的表达是 atimia。丧失所有公民权后就等同于政治上的死人（civil death），其财产会被视为无主之物而充公。没收财产也可以是单独的刑罚。这里反复出现"自己"，意在强调，也说明这样的后果是"咎由自取"。

1　即便治理得好的城邦，也不见得有苏格拉底的立足之地，更不用说混乱无序和不节制的地方了。忒拜和麦伽拉有不少苏格拉底的粉丝，实行温和的寡头统治，但未必都真正治理得好，更算不上优良政体，苏格拉底欲抑先扬。

治理得好，意即有良法，与苏格拉底的不法针锋相对，后者显然是严重的威胁。在守法之地，苏格拉底违

官们的意见，他们认为自己以前正确地判了这个[53c]案子——任何人如果是法律的破坏者，都很可能被视为年轻人和没有理智的人的败坏者。[1] 那

法而来，很可能再次破坏当地法律，必不受欢迎，自然是敌人：谁会欢迎法律破坏者呢？叛徒永远遭人疑忌。雅典法律叫着苏格拉底的名字，先谈政体：破坏自己政体的人，不是好公民，也会破坏他所去之地的政体。虽然苏格拉底赞同当地政体，但他却不遵本国法律，不知正义即守法，那么他迟早也可能在当地干出同样的恶行。法律及其背后的正义乃是政体的支柱，违法等于害国。当地的爱国者担心自己城邦的命运，必然对苏格拉底抱有怀疑和警惕之心。

  1 苏格拉底如果越狱，就是以实际行动证明了法官们对他的死刑判决何等英明正确。苏格拉底在雅典不是直接因破坏法律而被判刑，但他后来竟然越狱了，说明他不遵守法律，也就等于不敬神（天宪神授，法律代表神明），那么他被控"败坏青年"也就顺理成章了，当然死有余辜。这个推导过程虽然间接而迂回，

么，你要逃离治理得好的城邦和安分守序的人们？这样做的话，难道［c5］你的生命还将值得过？还是说，你要接近这些安分守序的人，恬不知耻地与他们谈话——苏格拉底啊，你好意思跟他们谈什么样的道理？莫非谈你在我们这里说的那些，什么德性和正义，以及习俗和法律，乃是凡人最有价值的东西云云？你难道不知道这会让苏格拉底这个老东西［53d］显得很可耻吗？你当然应

不是那么严密，有些言过其实，甚至上纲上线，却也并非毫无道理。

年轻人未必就没有理智，更非愚蠢（苏格拉底以实际行动上赶着佐证法官的判决，才是真正的愚蠢），但由于缺乏足够的经验，容易被人带坏，故而年轻人的教育一直是所有政治共同体重点关注的问题。这里虽然只谈到逃跑的不义，却也扩展到了更大和更高的方面，暗中回应了其他人对苏格拉底的批评。

该知道。1

---

1 守法则善治，必然有序，则和谐幸福，有如鲜花盛开（《神谱》901-902 行）。在希腊语中，秩序即宇宙（kosmos），可见守法大如天。守序即节制，即克己复礼为仁，讲规矩则谦和友善，乃是好公民的基本准则。如果苏格拉底连这一点都做不到，自己的生命已然失去价值，不值得过了（因为正义遭损，则灵魂不存，已成行尸走肉矣，另参 47e），也就更没有资格去教导别人。一个枉法悖理者，面对安分守序的良民，还能恬不知耻地高谈大道理吗？自己都不要脸地越狱了，还有脸给良民谈什么呢？

德性和正义虽是人间最有价值的东西，但苏格拉底已没有资格谈，更不用说习俗和法律了。这两组范畴分别属于德和法，却非对立而是相辅相成甚至一体的。犯法者大谈正义守法，失德者高谈德性，的确会让苏格拉底这个人（而非他做的事）很不像话，丑陋而可耻。最后的"当然应该知道"那是雅典法律对苏格拉底严厉的命令。

"抑或你要离开那样一些地方,去帖撒利亚投奔克里同的异乡朋友?那里当然最混乱无序和放纵不节,[1] 他们大概也乐于听到你当时如何裹上

---

[1] 这里是"其次"(上接53b3),回答克里同的流亡建议(45c)。现代学者认为,克里同与混乱无序者来往,属于结交匪类,说明克里同也不是好人,或许以偏概全了,那里的人并非都是坏人。克里同在那里的朋友大多数也是苏格拉底的朋友或门生,难道苏格拉底也误交匪类?

不过,帖撒利亚人放荡、欺诈、粗暴、臭名昭著,但并非一直都混乱无节,而是最近才如此,更多的是雅典人对缺少文教且无政府生活方式的普遍看法,已固化为政治符号。

总之,如果文教和政治都非常高明和杰出的雅典都不能容忍苏格拉底及其言行,混乱而野蛮的地方更不可能有其容身之地——那还有什么必要逃亡呢?这是哲人对自己最深刻的感悟,也是对现实最绝望的无奈。哲人似乎在任何时代任何地方都是大众的敌人。

某种服装滑稽可笑地［d5］从监狱逃出来,你要么穿上兽皮外套,要么穿上逃亡者习惯穿上的其他那类东西,改变你自己的外貌。[1] 难道没有人会说,这样一个老头儿,生命中所剩时间［53e］很可能已经不多,你居然还有脸面如此贪婪地渴望活命,不惜违犯最重要的法律?也许没有人会这样说,假如你没有惹恼什么人的话;但如果不是这样,苏格拉底,你就会听到很多把你自己说得一无是处的话。[2] 因此,你将对所有人摇尾乞

---

[1] 裹上奇装异服(类似戏装)或乡下人穿的兽皮外套或其他行头,还要在脸上涂抹(即便不用划几刀),全身伪装,像逃奴一样偷偷摸摸跑路,仓皇而滑稽,实在荒唐可笑,呼应前文(53a7),也是在回应克里同的看法:这比坐牢等死(45e5)更可笑。被最差的人蔑视嘲笑,则生不如死矣。

[2] 法律进一步批评苏格拉底要命不要脸,苟且偷生。苏格拉底已古稀,风烛残年,来日无多,却不惜通过违法乱纪来苟延性命,贪得无厌,厚颜无耻,徒增笑

怜甚至屈尊为奴来度过余生。[e5] 你在帖撒利亚除了饱食终日，就好像背井离乡来到帖撒利亚专为赴宴似的，还能做什么呢？你那些关于 [54a] 正义以及其他德性的大道理，对我们来说，又将何在？[1]

柄。苏格拉底在仰药之前，再次提到了不能惜命而招笑，那是毫无意义的（《斐多》117a）。法以护生，违则找死，而求生以害仁，则非人矣，人人可得而诛之，遑论恶评。"法律没有理由去讨论，如果苏格拉底还比较年轻的话，逃往那些地方是否适当。"（施疏）

如果苏格拉底没有树敌太多，大概不会有人为此笑话他，但这个"如果"并不成立，苏格拉底的哲思即诘难惹恼了太多人，给自己招惹了数不清的仇家。可以想象，在帖撒利亚等地，苏格拉底必定"旧习难改"，肯定还会继续冒犯他人，也就一定会被当地人说得一钱不值、颜面尽失。这次不是诽谤或坏话，而是苏格拉底罪上加罪因而罪有应得的结局。

1　即便安全逃出去，也没有好日子过，生命不止

第四场　法律　　　　　　　　　　111

"莫非你愿意苟且偷生正是为了孩子们，以

在于活着（48b），活着也不是为了吃饭。苏格拉底崇尚自由，刚毅果敢，越狱后却要寄人篱下，靠谄媚放纵无知者活着，卑躬屈膝，甚至要给所有人当奴隶。让他这样高贵的人摇尾乞怜活着，还不如杀了他。

　　撇开这些屈辱不谈，苏格拉底流浪国外，饱食终日，无所用心，这样的日子还有什么意义呢？更何况，这种闭嘴的消停日子对于苏格拉底来说就是背叛了他自己神圣的使命（《申辩》38a），堪称渎神。背井离乡逃到国外，余生只为赴宴，而那种宴会并不是什么好玩意："帖撒利亚的盛宴"已成谚语，指野蛮的自我放纵。混吃等死，身未死，精神先亡。这将是对苏格拉底的辛辣嘲讽。

　　苏格拉底如果逃跑，就断送了自己终生的教化事业，人们不再相信正义和德性等比生命更重要的价值。苏格拉底在庭审时已公开表示，自己命已够长，死期将近，不必不择手段保命了，更不能卑劣地活着，那比死还难受。既然主动提出流放都算得上贪生怕死，违法越狱就更为不堪。一生事业付之东流，再卑劣活着就成笑话了。

便把他们抚养大并教育成人?这怎么可能?难道你把他们带到帖撒利亚去抚养和教育,就为了把他们变成异乡人,好让他们也享受这种异域飘零?[1]

---

[1] 回答克里同的指控(45d)。苏格拉底就算是为了孩子们而愿意叛国苟活,以便抚养和教育他们,这个理由也不成立,因为根本办不到。苏格拉底在这里基本上只谈到了抚养,未涉及教育,或许是因为他自己违法乱纪,已丧失教育的资格和能力。他既然已没有脸面讲授正义等大道理,也就没有什么可以用来教育子女了。苏格拉底在雅典慷慨就义,未必如克里同所谓是遗弃孩子(未及妻子),相反能让孩子们留在文教和政治俱佳的地方,才能真正使他们受到更好的抚养和教育。否则,孩子们成为异乡人后,在雅典会被除籍,在当地也没有政治权利,不再是"城邦动物",而是将成为动物本身,因此异域飘零根本不是"享受",正如他自己享受的帖撒利亚盛宴并非好宴一样,所谓"享受",完全是反讽。此外,那种无序的地方只会败坏孩子们,绝不可能给孩子们带来任何好处。

[a5] 还是说，如果你不那样做，而是让他们在雅典这里接受抚养，难道他们就会因为你还活着而被抚养和教育得更好，哪怕你并没有跟他们在一起？诚然，你的那些挚友会关照他们。是不是说，如果你离家到了帖撒利亚，他们会关照你的孩子们，而如果你离家去了冥府，他们就不关照了呢？如果那些自 [54b] 称是你挚友的人还有点用处的话，他们当然应该知道去关照。1

---

1 如果苏格拉底不把孩子们带去帖撒利亚，而是留在雅典，自己孤身前往，也比带他们到混乱的地方能得到更好的抚养和教育。苏格拉底当然是孩子们最合适的教师，但即便他没在孩子们身边，没能直接抚养和教育他们，也胜过带出去流浪。这句话充分显示出雅典人的"文化自信"，至少也表达了苏格拉底对挚友充满信心。

如果是真朋友，无论苏格拉底去了外地，还是冥府（即死去），朋友们都会照顾遗孤。死亡不过是灵魂的迁徙或远行（《申辩》40e），并非人走茶凉。克里同以

结论与诫命

"所以说,苏格拉底,听从我们这些抚育了你的人,不要把孩子、生命和其他东西看得比正义更为重要,以便你去了冥府之后,才有全部 [b5] 而充分的理由向那里的统治者申辩。1 如果

为世态炎凉,苏格拉底相信友谊的力量。朋友有用,未必在于救苏格拉底(46a),而在于托孤。

既然有文雅的社会和忠诚的朋友,苏格拉底的死活似乎对孩子们的抚养和教育都影响不大,强大的祖国尽可让他放心,真诚的朋友完全值得信赖——苏格拉底在庭审最后阶段向判他死刑的那些人托孤,这里则托付给了朋友。也许在克里同看来,雅典法律以及苏格拉底稍显"铁石心肠","无情未必真豪杰,怜子如何不丈夫"(鲁迅语)。苏格拉底则超越了这个层面。

1 雅典法律的总结陈词印证了苏格拉底的道理,彻底否认了克里同的理由。不要听从克里同,要听从法律,因为法即理(《法义》714a),法当然也就是苏格

你做了［克里同提议的］那些事，对你今生在这里显然没有任何好处，既不更正义也不更虔敬，对你的其他亲友也一样，而且你到了那里也不会有什么好处。[1] 不过，你如今遭受不义而去冥府，

拉底经过推理认为最好的道理（logos，46b）。孩子、生命以及其他东西并非不值得重视，但正义更重要。人早晚要死，终究要到冥府接受审判，因此人生前的行为就变得很重要了。死后审判和来世生活乃是俄耳甫斯教的教义，也是古代的普遍信念。冥府的法官比人间陪审团更公正（《申辩》41a），因而苏格拉底在此世重视正义，不曾为了孩子、为了活命而违背法律，以便向冥府的统治者申辩。这不由得让人想起苏格拉底在人间的申辩：热爱智慧的生活方式总是需要不断为自己辩护，哪怕到了阴曹地府。雅典法律的劝勉与前面苏格拉底睡梦中白衣丽人的话都具有先知色彩，说明苏格拉底本身就是先知。

[1] 如果越狱，则生前不会有任何好处，死后也好不了多少。"这里"指阳世，"那里"指"阴间"，是希腊人常用的比喻。到头这一身，难逃那一日。生前不法

[54c] 如果去了的话,也不是被我们这些法律而是被凡人行了不义[1]——但如果你如此无耻地逃

或不孝者,活着的时候就没有什么好处,还会在冥府遭酷刑。虔敬是正义的基础,正义是虔敬的表现,两者都缺失了,当然谈不上好。所谓"好",亦指"高尚",这位终生追求仁义道德且品行高尚的人,若晚节不保,一失足成千古恨,那就实在可惜。越狱对他本人生前死后都没有好处,还会连累他身边的所有人,实在愚不可及。

  1 雅典法律承认苏格拉底的死刑是冤案,连忙撇清干系。所以,错不在法律,否则苏格拉底就有权推翻它们(52a)。但法律的话是苏格拉底编造的,不足为奇。既然不是雅典法律的责任,那就是凡人即陪审团的不义。法律如神,不会不义,人终究会受各方面影响而变坏:再好的法律和政制都可能因人的欲望而败坏。但法律终究需要人来执行,服从法律,则必然服从那些败坏法律的不义者,这似乎是没有出路的悖论。苏格拉底早晚要去冥府,现在去,则算英勇就义,可享身后哀荣;不久之后去,境遇大不相同。

走，也就是反行了不义和反过来报复，违反了你自己向我们签订的协议和条约，并且对最不[c5]应该伤害的你自己、你的朋友、你的祖国以及我们法律做了坏事，[1] 那么你活着的时候，我们要对你大为光火，而你到了那里，我们那些在冥府的兄弟，也不会友善地接纳你，因为他们知道你试图尽你所能彻底毁灭我们。好啦，你不要[54d]听从克里同去做他说的那些事，不如听我们的。"

[附释] 法律最后的话似乎是赤裸裸的威胁，也是权威者的事实陈述。恐吓不是最好的教育方式，爱才是，但也不能排除前者的作用。大爱无疆，终归软弱，必要时需辅以暴力。法律正是以震慑为手段，而其目的亦不外乎爱，正如雅典法

---

1 雅典法律沿用苏格拉底本人的道理（49b-d）。在这个由低到高的序列中，"你自己"处于首位，有人认为这表明苏格拉底的态度是自我主义，似过度诠释。

律以父亲自居，法律终归（应该）爱民如子。

苏格拉底为什么不越狱？也许他知道热爱智慧永远逃不出现实政治的牢笼，即便他的身体能够逃脱，他的思想和使命却不能，他去到任何地方都会面临他在雅典所遭遇的境况。也许还有一个更为深层的原因：热爱智慧有益于城邦，但也可能有损于生活，如果使用不当的话。这起码是苏格拉底不愿意逃到克里特的原因之一，因为克里特已经治理得很好，哲人的到来反倒把本来和谐幸福的生活弄得一团糟。

苏格拉底在《克里同》里以"雅典法律"为面具来劝导世人，他本身就已经是立法者了，即便不是真正的立法者，至少在道德世界里，他以自己为楷模，为后世制定了应然的法则。

第五场　尾声

[题解] 苏格拉底带着"雅典法律"的面具（persona），从各个方面论证了自己不能越狱的原因，已经足够说服克里同。对话接近尾声，苏格拉底回到自己的身份（persona），作最后的总结陈词。

苏格拉底以身作则，不仅表明服从法律和尊重城邦对于一个共同体至关重要，而且以生命为画布构建了一副正义的图景，以血为墨，以行为笔，勾勒了一个哲人应该如何生活——苏格拉底在政治哲学上展示了"哲人何为"这个问题的最高境界，化解了哲人与城邦的根本难题。

克里同在热爱智慧上没有什么天赋，如果我们像现代学者那样认为这是柏拉图对"非哲人"的鄙视，则完全辜负了柏拉图饱含深情的笔墨。

无论从哪个方面来说，克里同都是古道热肠的好人，甚至无愧于"君子"的称号。古往今来，苏格拉底这样的圣贤可谓凤毛麟角，但如果人人都能像克里同那样热情而豪侠，那么任何时代都不会太差。

苏格拉底述而不作，没留下什么经典名著，但他本人就是一部思想史的大书，一个克里同和我们都再也找不到的挚友（44b），一个千古完人，一个道德楷模，一个世界级的圣贤。

而克里同也不仅仅是陪衬……

亲爱的友伴克里同，1 你要知道，我认为自己所听到的那一切，就好像参加科吕班忒斯祭仪

1　这种异常啰唆的称呼表示怜悯和同情，也显示出温柔的一面，以免苏格拉底的拒绝太生硬。这种称呼既有亲昵的成分，更多语重心长的意味。苏格拉底自以为刚才的长篇大论已足以说服克里同，语气坚定而诚恳。

第五场 尾声

的人认为自己听到了簧管声一样，1 而且这些言辞的回声本身还在我耳中隆隆作响，[d5] 让我无法听到其他的。你要知道，这就是我眼下的想法，假如你要反驳那些话语，说了也枉然。不过，你如果真的认为自己还有什么更多的要反驳，就

1　科吕班忒斯祭仪是一种神秘的宗教仪式，以狂热的音乐和舞蹈来治疗疾病。苏格拉底最后回到了宗教领域，呼应本书开头的梦境。人们在祭仪中听不到其他任何声音，甚至没法理智地思考。苏格拉底并非拒斥理智而迷信神圣的权威，他已与神圣的雅典法律融为一体。

雅典法律近似于苏格拉底身上那著名的"精灵"，都是神的代言人。苏格拉底自比参加仪式的信众或病人，没有以权威的身份出现，而是借用第三方之口来说服，表达自己的谦卑和敬畏，也是以巧妙的修辞教化老友。苏格拉底在神明的教诲中进入了神秘的狂喜，激动而至于战栗，更加坚定地信奉正义和德性。

请讲吧。[1]

克　既如此，苏格拉底，我没有要说的了。[2]

---

[1] 雅典法律娓娓道来，不疾不徐，深沉隽永，却有如黄钟大吕，掩盖了其他所有声音。即便苏格拉底已经"清醒"过来，回到理智状态，但雅典法律的声音仍然如雷贯耳，让他对功利主义的聒噪和现实主义的劝勉充耳不闻。佛教也喻法音如雷（故有雷音之说），众生皆闻，震慑心神，勿为外道所执。神圣的教诲余音绕梁，永不衰竭，时时指导行动。苏格拉底只服理，不服其他（46b），雅典法律的训谕就是最高的理。科吕班忒斯祭仪只是一种比喻，并不表明苏格拉底被某种神秘的东西迷惑住了，毋宁说他折服于神圣而崇高的道理。

[2] 很难说克里同已被说服，他当然也不可能一点没有收获或改变，毋宁说是放弃了：恭敬不如从命。克里同对苏格拉底的崇敬不需要更多的渲染，他的默许或最终的接受就是明证。克里同知道任何进一步的劝说都是枉然，他尽力了，问心无愧。但克里同终究与苏格拉底不是同一类人，不过，这并不妨碍他们的友谊。更重

第五场 尾声　　　　　　　　　　123

苏　[54e] 那就到此为止吧，克里同，咱们就这样办，既然这是神指引的。

[附释]"科吕班忒斯"之类的说法看上去在宣扬怪力乱神，这很不符合哲人的主张。但对于克里同这样的"非哲人"来说，这才是正确的谈话方式。哲人可以有着与大众完全不同甚至可以说更为高明的所谓"真理性"的认识，但这并不意味着他就有资格不尊重大众的意见，更不意味着他不能与大众"同流合污"从而利用大众的语言和视域来劝说他们：修辞恰恰是（政治）哲人

要的是，克里同在苏格拉底和雅典法律的劝诫下，已然脱胎换骨：克里同也许没有真正达到苏格拉底（所要求）的境界，但他多多少少开始理解，再说什么就显得多余了——此时无声胜有声。苏格拉底去世前，克里同也问了他几乎同样的话"你还有什么要说的"（《斐多》118a），《克里同》与《斐多》堪称奇妙的对应，也是苏格拉底与克里同友谊的见证。

的基本功。至此，两种相互冲突的伦理观在雅典法律的调和或综合之下达成了一致。

法律、父母、城邦、祖国以及最后的神明，使得这场论证有着势不可挡的力量。这里单数的"神明"也许不是某个特定的大神，却肯定与一神论无关，而是在一般意义上谈论那种超越性的存在。即便这位"神明"不完全等于雅典法律，至少也与之直接相关，甚至就是本尊的化身。特别需要注意的是，《克里同》最后一个名词是"神"，与《申辩》同，而柏拉图的"天鹅绝唱"即《法义》的第一个词也是"神"，这说明苏格拉底或柏拉图这样伟大的哲人一生的精神行状。

柏拉图放弃了哲人天生的第一人称运思方式来进行智识求索，也就放弃了自以为是，但笛卡尔以来的现代哲学终究走到了苏格拉底和柏拉图的对立面。也许，我们这个科技发达、理性昌明的时代需要复活苏格拉底，请他在私密的场合重新教导哲人们，就像他当年教育克里同一样。

图书在版编目（CIP）数据

克里同 /（古希腊）柏拉图著；程志敏译. -- 北京：华夏出版社有限公司, 2025. --（阅读柏拉图）.
ISBN 978-7-5222-0842-8

Ⅰ. B502.232
中国国家版本馆CIP数据核字第20245VG444号

克里同

作　　者	[古希腊] 柏拉图
译　　者	程志敏
责任编辑	马涛红
美术编辑	殷丽云
责任印制	刘　洋
出版发行	华夏出版社有限公司
经　　销	新华书店
印　　刷	北京汇林印务有限公司
装　　订	北京汇林印务有限公司
版　　次	2025年3月北京第1版 2025年3月北京第1次印刷
开　　本	787×1092　1/32
印　　张	4.5
字　　数	58千字
定　　价	39.00元

华夏出版社有限公司　　地址：北京市东直门外香河园北里4号
邮编：100028　网址：www.hxph.com.cn　电话：(010)64663331(转)
若发现本版图书有印装质量问题，请与我社营销中心联系调换。